Wilfried Abels

fushi

Die Inseln der Malediven und ihre Küche

MOEWIG

Zu diesem Buch

Die Republic of Maledives und selbstverständlich ich als Generalkonsul und Repräsentant der Malediven freuen uns, daß mit diesem vorliegenden Buch ein umfassendes, detailliertes, einfühlsames und künstlerisches Werk geschaffen wurde.
Die eindrucksvoll wiedergegebenen Bilder zeigen Motive von der Landschaft, den Menschen, vor allem aber auch von der Küche der Malediven.
Die persönlich gefaßten Eindrücke des Autors spiegeln nicht nur die Sachkenntnis, sondern auch die Liebe zu diesem Paradies und seiner Kultur wider.
Wir sind davon überzeugt, daß dieses umfassende Buch Ihnen sehr viel Freude machen wird und Ihnen in dieser Form Wissen und Schönheit unserer Inselwelt vermittelt.
Wenn Sie die Malediven besuchen möchten, senden wir Ihnen gerne umfassende Informationen zu, die für Ihre Reise sicherlich nützlich sein werden.

Generalkonsulat
der Republik Malediven
Immanuel-Kant-Str. 16
6380 Bad Homburg v. d. H.

Originalausgabe
© 1989 by Verlagsunion
Erich Pabel-Arthur Moewig KG, Rastatt
Alle Rechte vorbehalten
Umschlagentwurf und -gestaltung: Wilfried Abels
Layout: Christina Nimsch
Fotos im Innenteil: Wilfried Abels
Herstellung: H. J. Philipp
Gesetzt aus der Times auf Apple Macintosh II
Druck: VPM, Rastatt
Printed in Germany 1989
ISBN 3-8118-3037-6

Ich hätte niemals hierhinkommen dürfen. Die Malediven sind eine Krankheit, eine der schönsten Epidemien, die ich kenne.
Nur wenig läßt sich von den schier unbeschreiblichen Farben der im Ultramarinblau liegenden Inselwelt im Indischen Ozean vermitteln.
Von Frankfurt aus führt mich meine Reiseroute mit der Air Lanka über Rom und Dubai nach Colombo, der Hauptstadt von Sri Lanka.
Die doch lange Flugzeit von neun Stunden wird durch einen überaus angenehmen Aufenthalt an Bord wettgemacht. Hier ist auch schon ein wenig von fernöstlicher Faszination zu spüren. Das freundlich gereichte Essen, die Musik und natürlich die Kleidung des Bordpersonals stimmen auf den Urlaub ein. Nach kurzem Aufenthalt geht es dann weiter. Die Hoffnung auf ein Paradies, welches ich erwartete, wird bereits beim Anflug übertroffen.

Wie an Perlenschnüren aufgereiht, gebettet auf einen königsblauen Wasserteppich, liegen - schillernden Barockperlen ähnlich - die unterschiedlich großen Atolle der Malediven. Einmal langgezogen in elegantem Bogen, dann wieder oval wie das Amulett einer zierlichen Edelfrau oder klein und rund wie das Auge eines fröhlichen Delphins. Alle Atolle sind umrahmt von einem Außenriff, in dessen Mitte sich im türkisblauen Wasser schneeweiß gerändert eine Insel mit dunkelgrünen Palmenkronen erhebt.

Der Flughafen erscheint fast wie ein Flugzeugträger - vor Anker gegangen neben den goldenen Kuppeln der Moschee auf der Hauptinsel Male. Sanft und sicher setzen wir auf, die Türen öffnen sich, die erwartete Schwüle bleibt aus. Erst in der Ankunftshalle - bei der langen, umständlichen Gepäckkontrolle - ist die hohe Luftfeuchtigkeit zu spüren. Man ist eben in den Tropen.

Nachdem sichergestellt ist, daß kein Alkohol oder unsittliche Dinge wie Magazine im Gepäck sind, darf man passieren und findet sich bei dreißig Grad im Schatten im Freien wieder. Fröhlich grinsende Kofferträger befördern für einen Dollar das Gepäck zum "Taxistand" am Hafen.
 Die Taxis hier sind Schiffe und heißen Dhonis. Zwar mit viel Tohuwabohu, doch zuverlässig findet jedes seinen Weg vom breiten Anlegesteg hinaus in die weite Inselwelt.

7

Damit sind etwa 1200 Inseln und Inselchen gemeint, hineingetupft in die Unendlichkeit des Indischen Ozeans. Etwa 200 Inseln sind bewohnt und etwa 60 weitere sind reine Urlaubsinseln. 190.000 Einwohner islamischen Glaubens bilden die gastfreundliche Bevölkerung. Es gibt keine Täler oder Berge auf den Inseln, sofern man sich nur oberhalb des Wassers umschaut. Sümpfe oder gar Ungeziefer sucht man vergebens. Der gleißend weiße Korallenstrand der Inseln ragt bestenfalls zwei Meter aus der kristallklaren Lagune, welche meist nur eineinhalb Meter tief bis zum Hauptriff verläuft. Danach geht es dann schon steil nach unten, ins dunkle Ultramarinblau der Tiefe.

Alle Inseln sind unterschiedlich, auch was Größe und Form angeht. Demzufolge gibt es sehr kleine, individuelle Inseln, auf denen man fast glauben könnte, Robinson Crusoe zu sein, oder aber die typischen Zentren mit einigen hundert "Crusoes". Mit wie vielen Menschen man eine Insel teilen möchte, ist wie immer im Leben eine reine Geschmacksfrage. Mich zieht es mehr zum individuellen, ruhigen Aufenthalt.

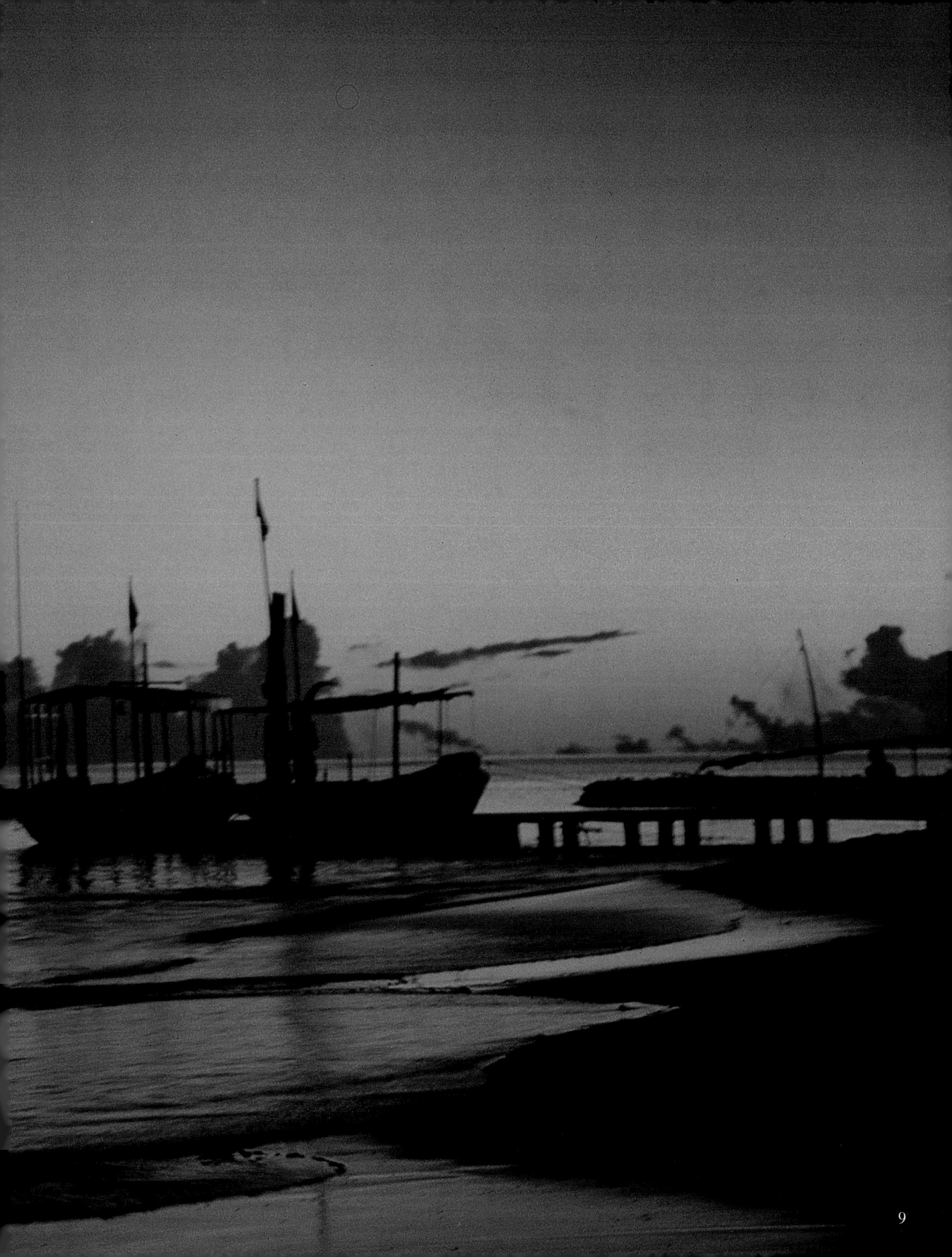

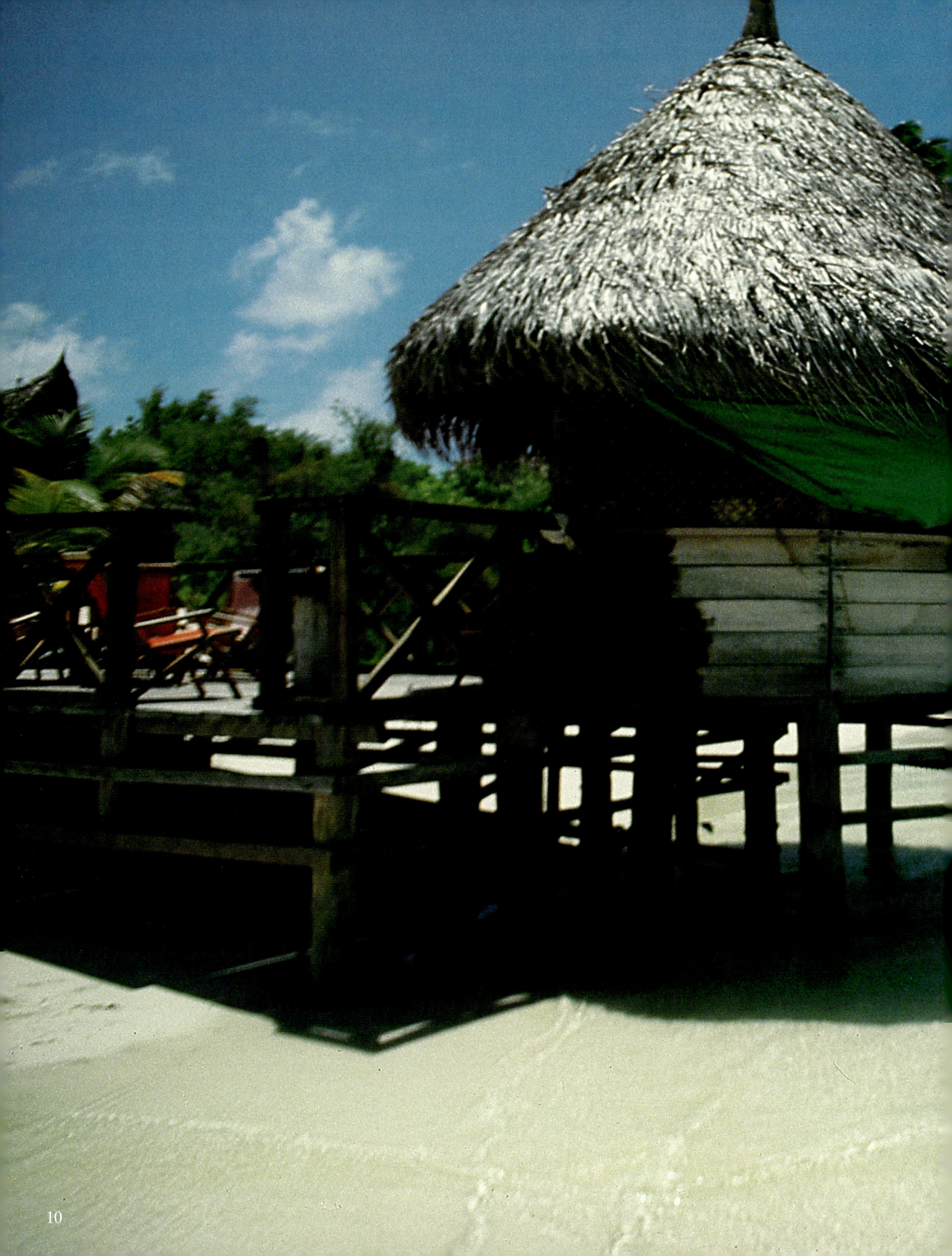

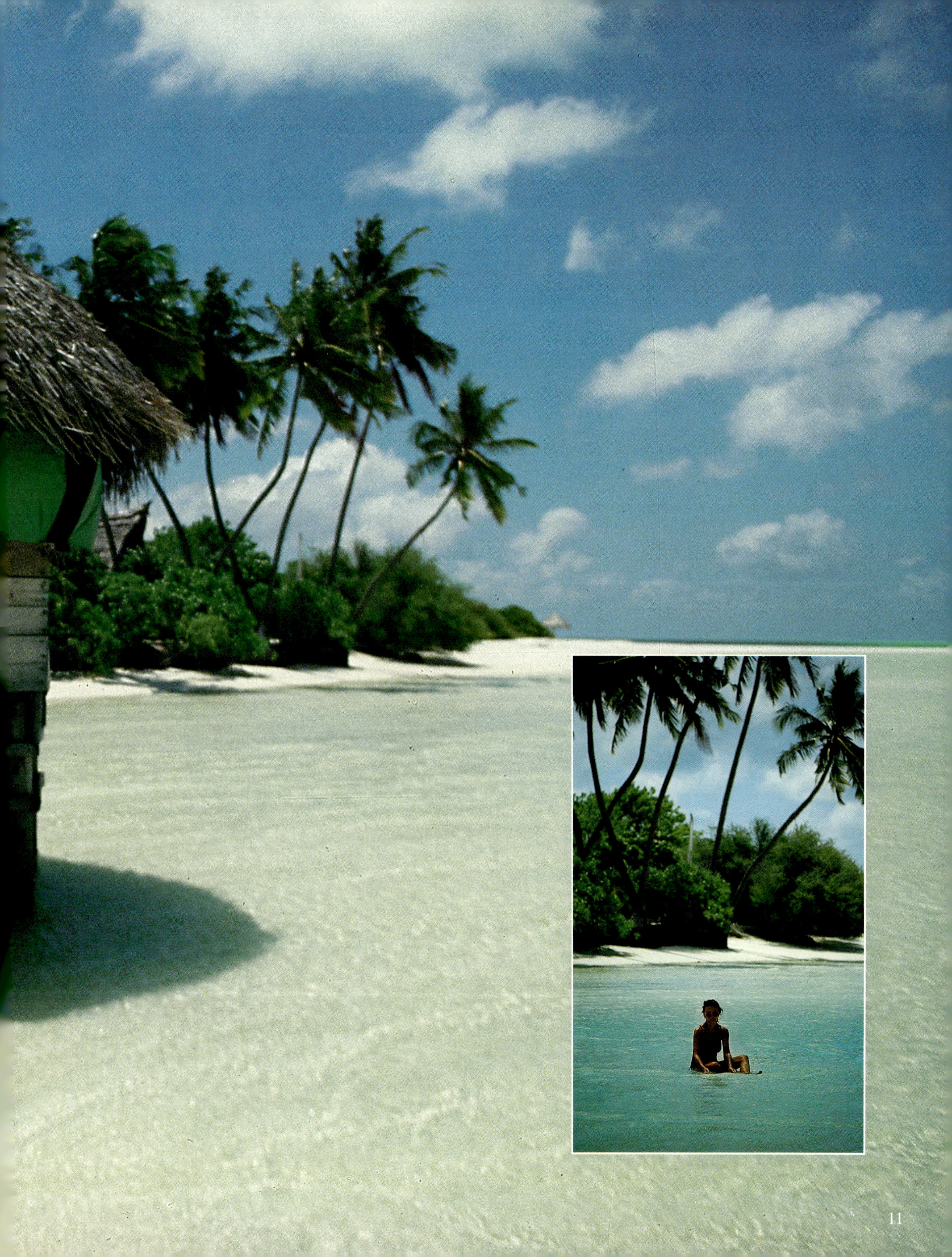

Im Wendekreis des Krebses. Die Malediven zählen klimatisch zu den Tropen. Geographisch umfassen sie das Gebiet zwischen den Wendekreisen von Krebs und Steinbock. Das Klima beiderseits des Äquators erreicht im kältesten Monat maximal 18 Grad C, man spricht von der sogenannten Palmengrenze. Charakteristisch für die Malediven sind hohe Jahresmittel-Temperaturen und geringe Jahres-, aber hohe Tagesschwankungen der Temperatur. Üppige Vegetation herrscht vor. Diese ist allerdings abhängig von den jährlichen Niederschlägen und deren zeitlicher Verteilung.

Übrigens bedecken die Tropen über dreißig Prozent der festen Erdoberfläche. Entgegen weitverbreiteter Auffassung sind die Tropen durchaus nicht die heißesten Gebiete unserer Erde, sondern Zonen mit einer sehr ausgeglichenen Temperatur, deren Schwankungen zwischen Sommer und Winter nur wenige Grade ausmacht.

Viele Touristen glauben jedoch, daß auf den Malediven lediglich Kokosnüsse wachsen. Dies ist natürlich falsch, denn es gibt eine ganze Menge verschiedener tropischer Früchte und auch Gemüse. Dabei sind diese Gewächse zum Teil gar nicht einmal exotisch, wie man oft annimmt, denn man denke daran, daß etwa Tomaten, Kiwis oder auch Granatäpfel hier gedeihen, die ja nicht zu den tropischen Gewächsen zählen. Die wohl meistverbreiteten Früchte auf den Malediven sind Mango, Papaya und Acerola, auch westindische Kirsche genannt. Diese Frucht ist zum Teil selbst den Maledivos nicht als eßbar und durchaus köstlich bekannt. Die sehr empfindliche Frucht hat einen dreißig- bis hundertmal höheren Vitamin C-Gehalt als eine Orange.

Mancher Urlauber wird auch schon die bis zu 30 Zentimeter großen, dicken und stacheligen Annonen gesehen haben. Die dunkelgrüne, an eine Wassermelone erinnernde Frucht hat weißes, sehr aromatisches Fruchtfleisch, welches sehr oft für die Herstellung von Nektaren oder Fruchtsaftgetränken verwendet wird. Die zwei bis drei Zentimeter langen dunkelbraunen Samenkerne im Innern sollte man allerdings meiden, weil diese übel riechen, wenn man sie aufschneidet. Eine durchaus ähnliche Frucht kann der Liebhaber exotischer Früchte auch in Europa bekommen. Hier ist sie um einiges kleiner und heißt Cherimoya, auch Schuppen-Annone genannt.

Nicht nur auf dem Markt in Male, auch auf einigen Inseln trifft man vereinzelt Bananenstauden an. Die meisten der Eß-Bananen kommen jedoch als kleine und zumeist grüne Früchte aus Sri Lanka.

Vielleicht hatten Sie auch einmal das Glück, eine rote Banane zu sehen. Ihr Genuß ist unbedingt zu empfehlen, denn sie hat einen unvergleichlichen Geschmack.

Auf einer der vielen unbewohnten Inseln entdeckte ich einen kleinen dunkelgrünen Strauch mit großen herzförmigen Blättern und sah tomatenähnliche Früchte daran. So bezeichnet man diese Frucht denn auch als Baumtomate -

1 Huhn, Pfund Reis
4 Scheiben Ananas
1 kleine reife Papaya
50 g Pistazien, Safran
1/4 L Weißwein, 1/4 Sahne
1/4 L Hühnerbrühe

Das Huhn kochen, Fleisch
ablösen und die weißen
Teile in große Würfel schneiden.
Den Reis kochen, ein wenig
Salz und Safran zugeben.
Abtropfen lassen.

Fleisch ist auf den Malediven
selten heit und die maledivische Sprache kennt kein
Wort für Fleisch. Für Malediver
ist alles Fisch. Darum heißt
Hühnerfleisch kurzerhand
"Hühnerfisch", Kalbfleisch
heißt Kalbfisch, usw.

Unser Rezept heißt:
Geflügelsalat Hulule

Aus Weißwein, Hühnerbrühe
und Sahne - vorsichtig gekühlt-
eine Sauce machen. Die in Würfel geschnittenen Ananas-
stücke zugeben und mit Hühnerfleisch und Pistazien
vermischen. Papaya schälen, entkernen und in Streifen
schneiden. Ebenfalls unter den Salat heben. Eine Schüssel
oder eine große Muschel mit Blättern auslegen und den
Salat hineingeben. Dazu ein trockenes
Weißwein.

bei uns eher bekannt unter dem Namen Tamarillo. Dazu möchte ich auch gleich ein wunderschönes Rezept mitteilen, welches einem mit etwas Fantasie die Malediven ganz nahe rückt.

Sorbet von der Baumtomate

Zutaten: ca. 8 reife, rubinrote Tamarillos, Saft einer Limette oder einer halben Zitrone, 250 g Zucker, 1 Eiweiß, 100 g Puderzucker, 1 Kokosnuß mit Flüssigkeit

Zubereitung:
Die Kokosnuß öffnen und die Milch in einen Mixer geben. Die Kokosnuß in kleine Würfel schneiden und ebenfalls in den Mixer geben. Die Tamarillo kurz unter heißem Wasser enthäuten, in Stücke schneiden und zur Kokosnuß geben. Alles gut im Mixer zerkleinern und durch ein Sieb passieren. In einem Topf den Zucker mit einem halben Liter Wasser unter Rühren stark erhitzen, bis der Zucker aufschäumt. Erkalten lassen und mit dem Fruchtmark vermischen.
Mit einem Schneebesen den Limettensaft, den gesiebten Puderzucker und das Eiweiß gut vermengen. Alles in eine Sorbetmaschine geben und ca. 20 bis 25 Minuten lang rühren.

Statt die Tamarillos zu häuten, können Sie diese auch aufschneiden und mit einem Teelöffel das Fruchtfleisch herausholen, die ausgehöhlten Früchte kaltstellen und nachher zum Servieren verwenden

Eine andere, in Form und Größe mit Apfel und Birne vergleichbare Frucht ist die auch bei uns bekannte Guave. Bei voller Reife ist ihre Schale hellgrün oder gelb. Die Guave hat bei uns ein mehr rosafarbenes Fruchtfleisch, auf den Malediven hat sie ein eher weißes, saftiges Fleisch, dessen Aroma an eine harmonische Mischung aus Birne, Quitte und Feige erinnert.

Die Jackfrucht ist wohl der gigantischste Vertreter aller Früchte, die es auf den Malediven gibt. Ganz vereinzelt findet man Jackbäume auf den Inseln. Die riesigen Früchte haften direkt am Stamm und können bis zu vierzig Kilo schwer werden. Die meisten Jackfrüchte werden allerdings aus Sri Lanka importiert.

Das Fruchtinnere besteht aus kleinen, sechseckigen und sackähnlichen Gebilden - wie einzelne Früchte in der Frucht. Noch unreif wird es zu Gemüse verarbeitet. In vollreifem Zustand werden die einzelnen Fruchtteile aber auch in Sirup eingelegt oder getrocknet, kandiert oder zu Pickles verarbeitet. Die gekochten Kerne werden mit Suppe oder in Eintopfgerichten gegessen, wie bei uns dicke Bohnen. Allerdings habe ich sie auch schon geröstet genossen.

Dann schmecken sie wie Eßkastanien. Die Jackfrucht hat auf den Malediven auch den Beinamen Brotfrucht.

15

Die Papaya, die sich am langen Stamm in den Sonnenhimmel reckt, verdanken die Maledivos, wie vieles andere auch, den Seefahrern. Die Spanier brachten diese Frucht aus Mittelamerika mit. Heute wissen nur noch die wenigsten, daß die Papaya wegen ihres Nährwertes, der vorbeugenden Wirkung und heilenden Kraft bei Krankheiten eines der gesündesten Nahrungsmittel ist.

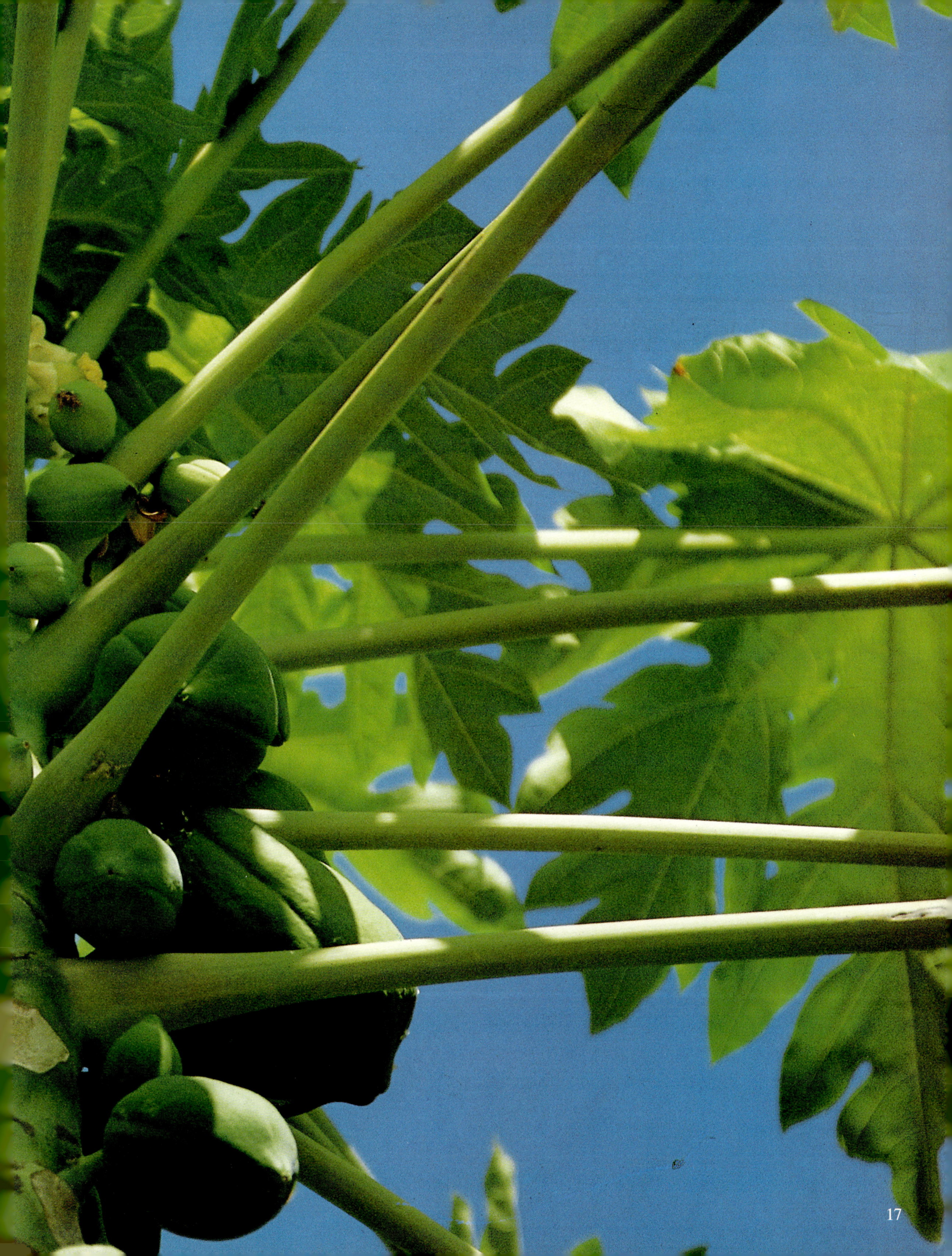

Eine Pflanze, die von fast allen Touristen bewundert wird, mit der sie jedoch nichts anzufangen wissen, ist die Kaschiceo. Wenn sie reif ist, hängt sie feuerrot zwischen den langen dolchartigen Blättern eines hohen Strauches, dessen riesige Luftwurzeln in den Sand ragen. Die Kaschiceo wird von den Maledivos ebenfalls als Brotfrucht benutzt. Sie ist geschmacklich mit dem Mais verwandt und wird deshalb auch in den nachfolgenden Rezepten so genannt.

Aus exotischen Fruchtsalaten nicht fortzudenken ist die Papaya oder Mango. Hier ißt man sie, leicht mit Zitrone beträufelt, bereits zum Frühstück.
Da die Malediven früher teils englischem Einfluß unterlagen, ist das Frühstück auch heute noch "englisch". Man bekommt sehr gute indische oder ceylonesische Tees und ißt Toastbrot mit Marmelade, die häufig selbstgemacht ist.

Das Grundrezept für maledivische "Pfannkuchen"
Zutaten:
6 Eier, Salz, 2 - 3 El Zucker, 1/4 l Milch, 1/4 l Kokosnußmilch, 200 - 250 g Maismehl, Kokosfett zum Backen.
Zubereitung:
Die Eier mit Salz, Zucker und der Milch aufschlagen. Das Mehl hineinsieben und unterrühren. Es dürfen keine Klumpen entstehen. Das Fett in einer großen Pfanne erhitzen. Die Pfanne von der Feuerstelle nehmen und ca. 1/4 der Pfannkuchenmasse hineingeben und gleichmäßig verteilen. Vorsicht, dieser Teig brennt leicht an, deshalb die Hitze reduzieren. Nach dem Anbacken mit Hilfe eines Tellers oder Topfdeckels den Pfannkuchen wenden und von der anderen Seite nochmals anbacken. Den Pfannkuchen einrollen und warmstellen.
Jetzt können Sie - wie die Maledivos es auch tun - Ihrer Fantasie freien Lauf lassen und Füllungen creieren. Grätenfreie Fischteile fein würfeln, mit Currypulver einstäuben. Zwei

große Gemüsezwiebeln hacken, je eine rote und grüne Chili fein hacken und hinzugeben (wer es nicht ganz so scharf mag, nimmt statt dessen Paprika). Frische Ananas in kleine Würfel schneiden und beiseite stellen. Die Zwiebeln mit etwas Fett in einer Pfanne glasig dünsten, den Fisch hinzugeben und wenden. Die Ananas-Stückchen hinzugeben und leicht schmoren lassen. Die Masse auf die Pfannkuchen verteilen und wieder fest zusammenrollen.

Eine andere Variante:
Ein Stück frischen Thunfisch in kleine Würfel schneiden, eine Gartengurke vierteln, entkernen und in kleine Stücke schneiden. Eine rote Paprika entkernen und fein würfeln. Eine Kokosnuß auf einer Reibe fein raspeln. Eine Stange Lauch und eine große Gemüsezwiebel in Streifen hacken. Kokosfett erhitzen und die Gemüse gleichzeitig darin anglasieren. Über das Ganze einen Eßlöffel Chili verteilen und gut untermischen. Die geraspelte Kokosnuß mit dem Fisch unterziehen und alles ein wenig dünsten lassen. Diese Masse in die Pfannkuchen verteilen und zusammenrollen.

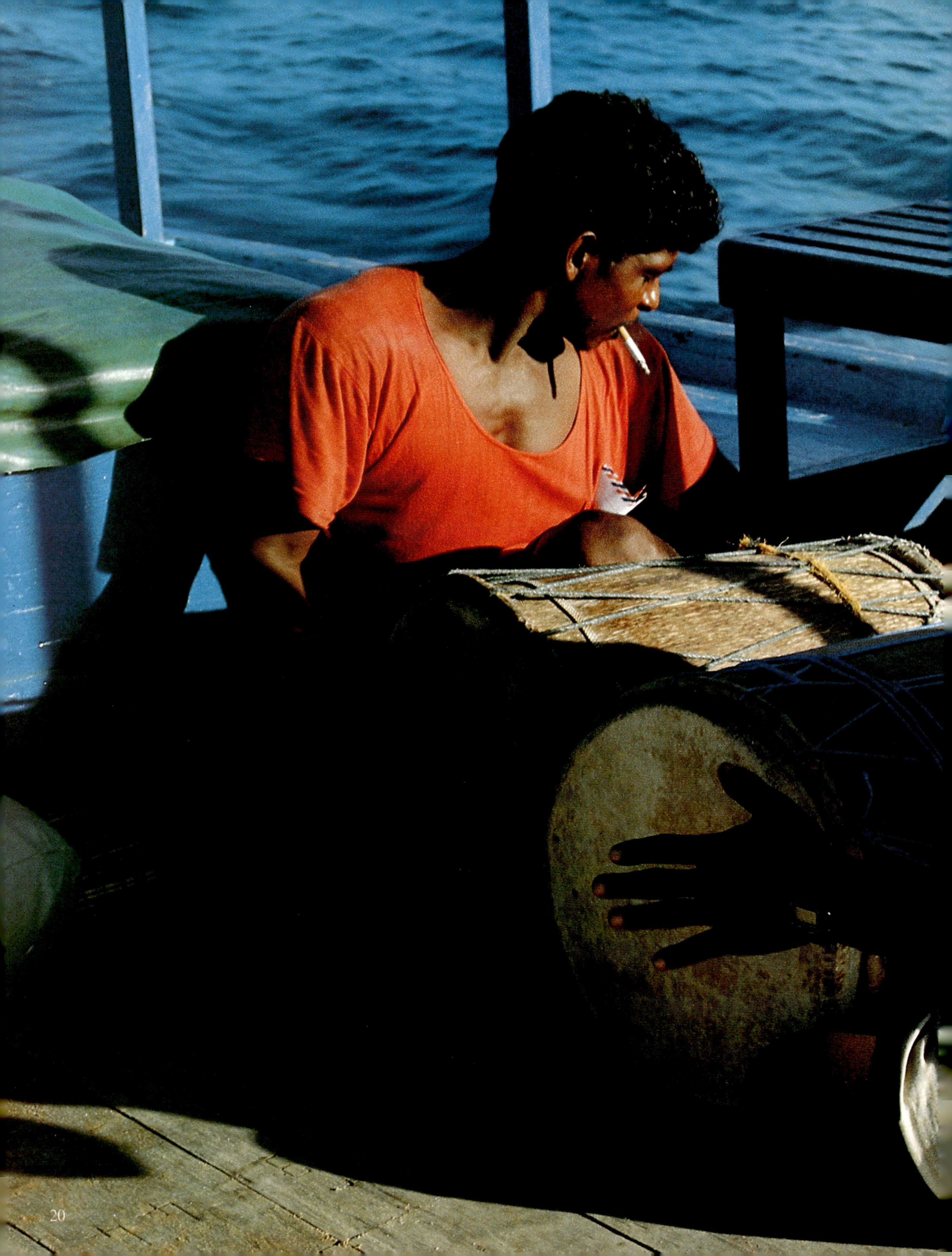

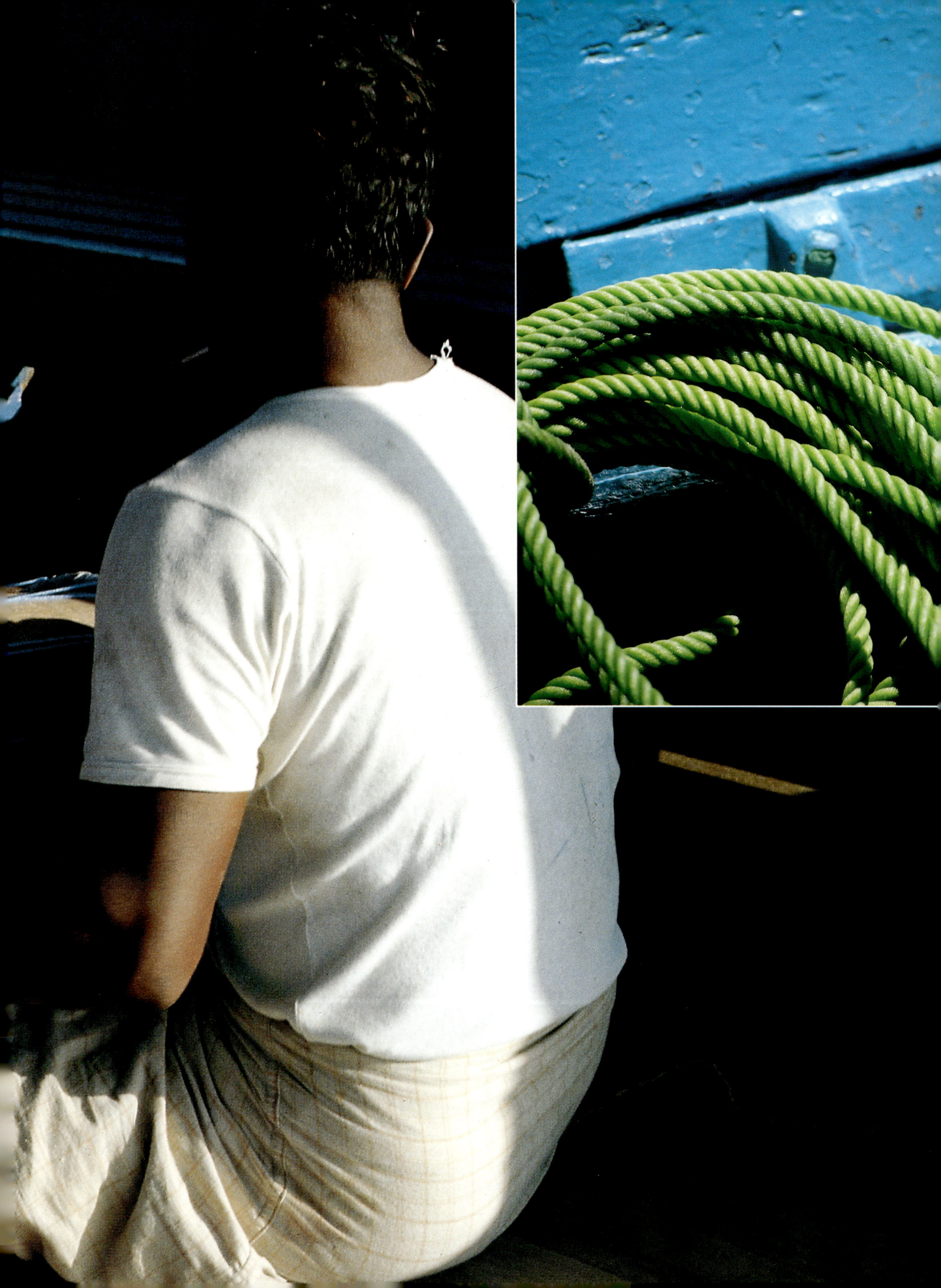

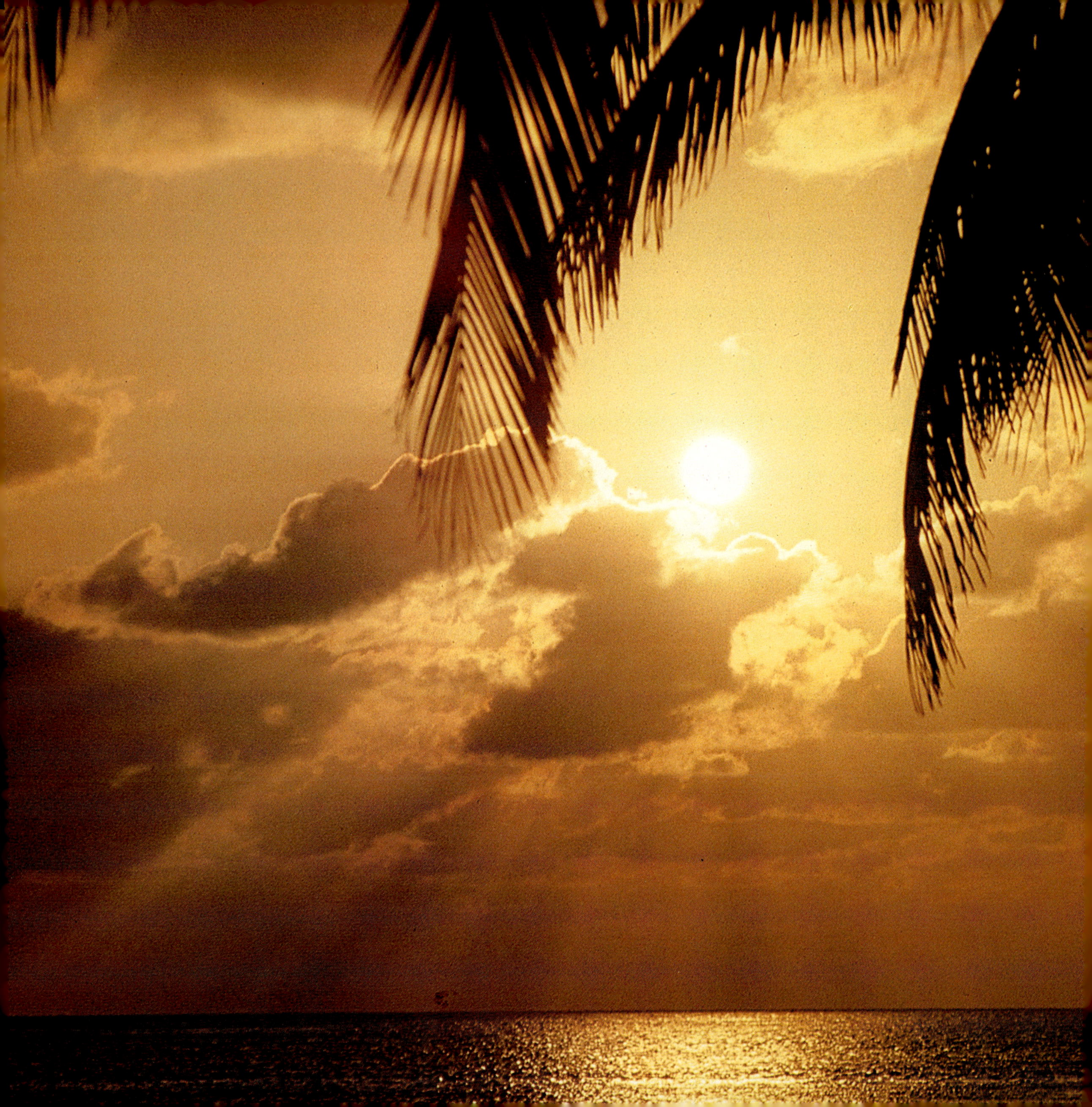

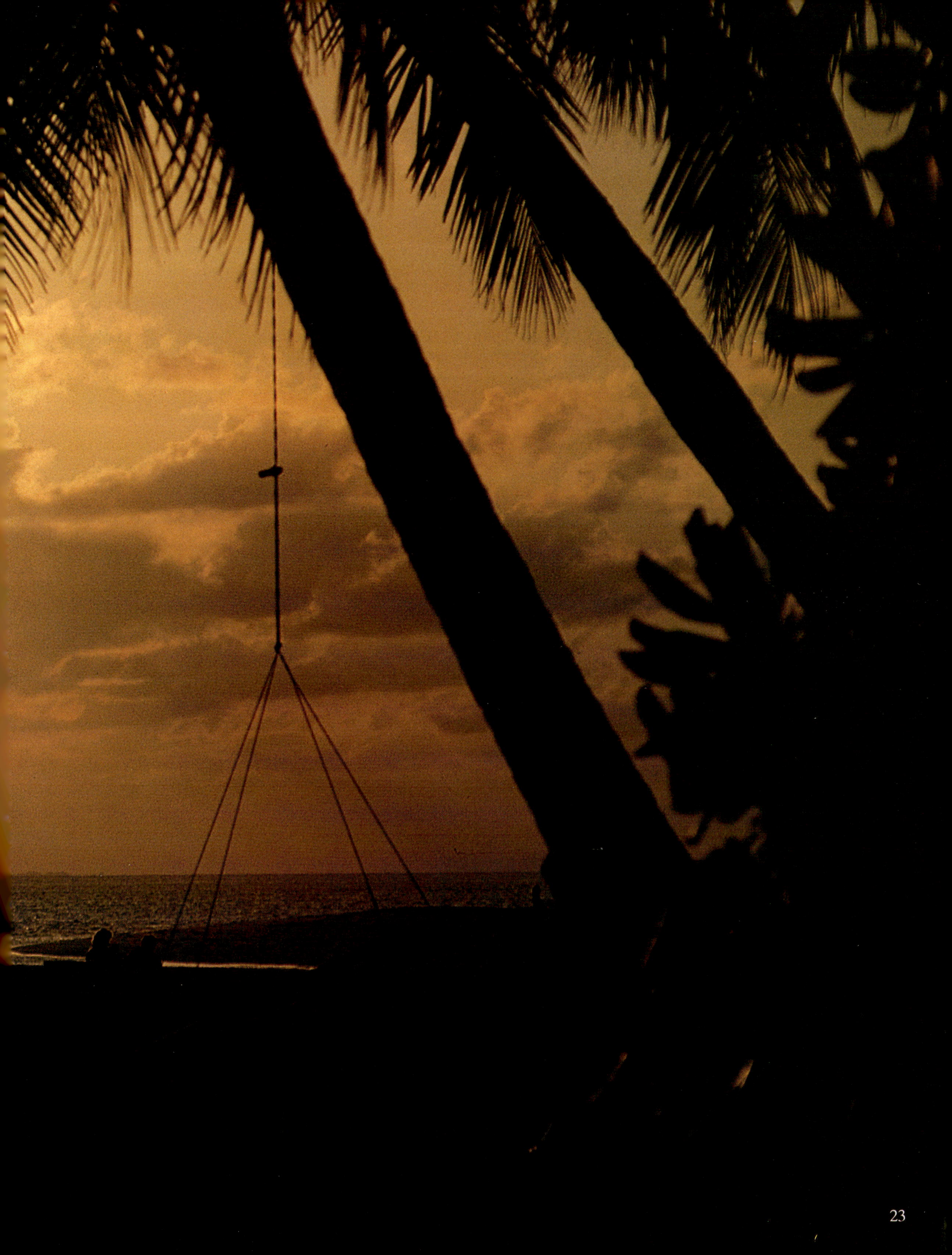

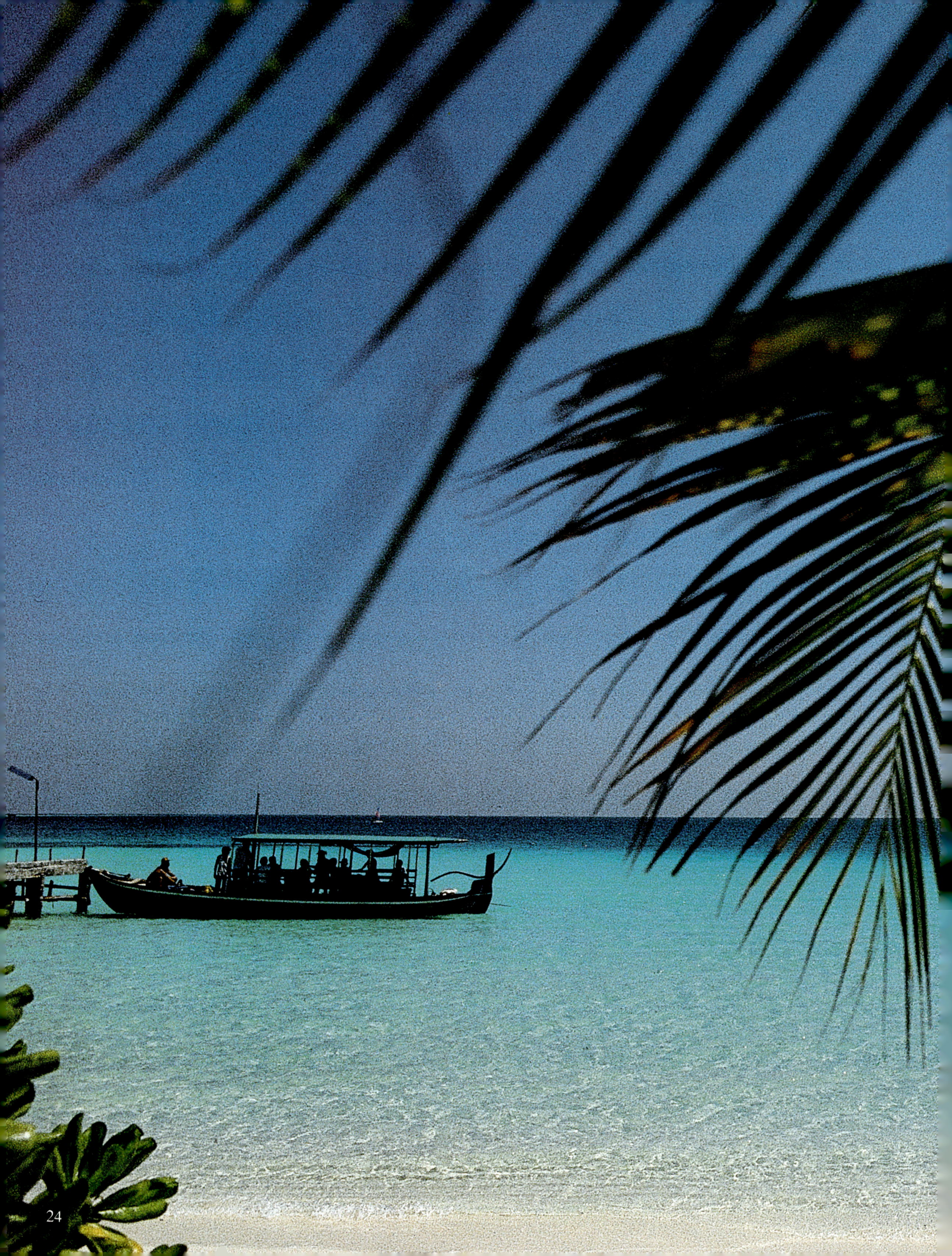

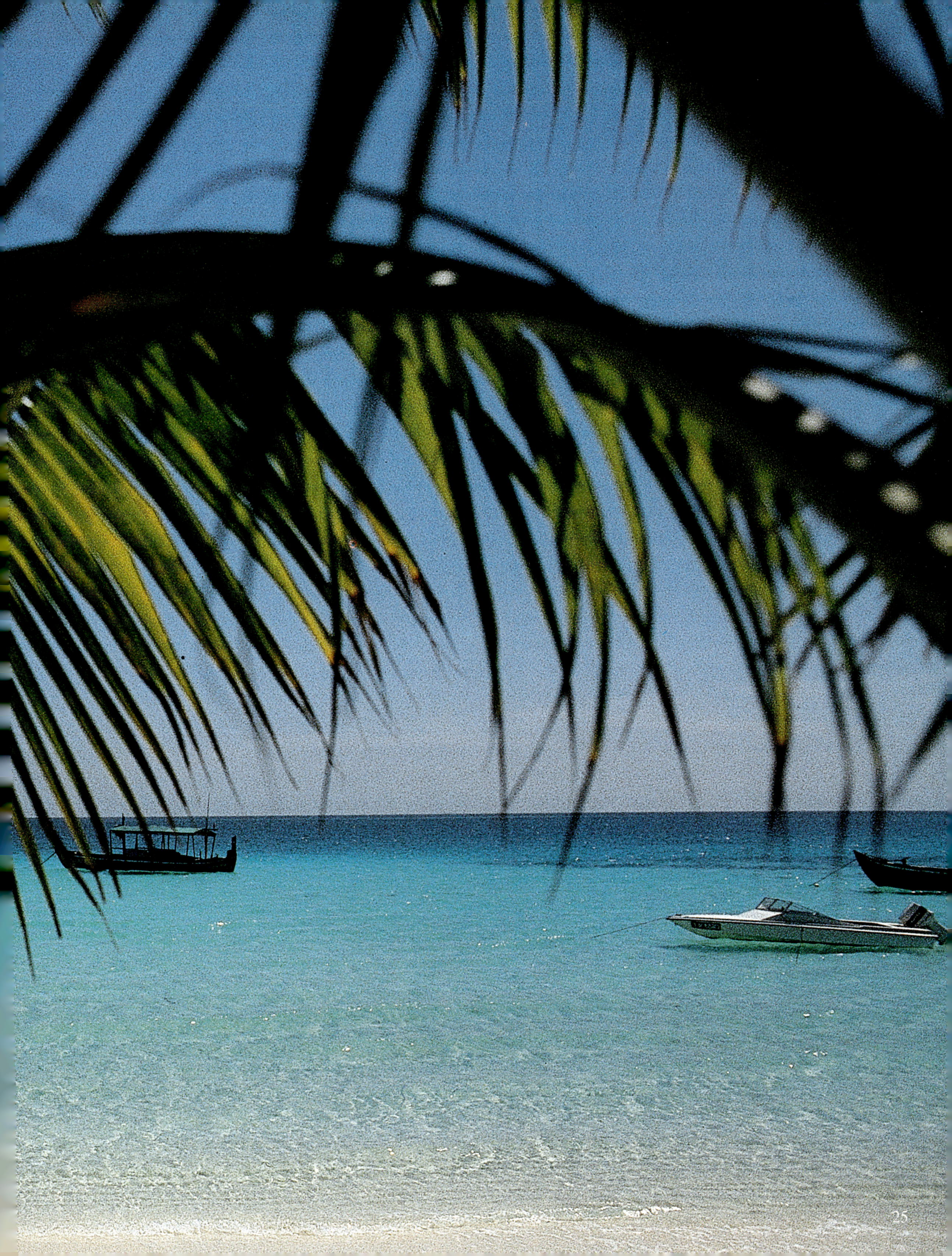

Carambole ist eine bei uns seit Jahren bekannte, leicht säuerliche, an Äpfel erinnernde Frucht, auch Sternfrucht genannt. Auf den Malediven wird sie Kamrakh genannt, kommt jedoch vorwiegend aus Sri Lanka.

Eine Süßspeise der Malediven
Zutaten:
250 g Reis, 1/4 l Kokosnußmilch, 1/2 l Milch, Weißwein, 50 g Zucker, eine Prise Salz, 1/2 Zimtstange, 1 Vanillestange, 1 Kokosnuß, 2 feste Bananen, 3 Carambole.
Zubereitung:
Alle Früchte in dünne Scheiben schneiden und in etwas Weißwein einlegen. Reis mit Milch, Zucker, einer Prise Salz und der Zimtstange in einen Topf geben. Langsam zum Kochen bringen. Die Vanillestange aufritzen und das Mark herausschaben. Zusammen mit der Stange in den Topf geben und köcheln lassen. Den Milchreis ca. 20 Min. quellen lassen. Damit nichts anbrennt, häufig umrühren. Die Früchte aus dem Wein herausnehmen, den Zucker in die Flüssigkeit geben und erhitzen. Die Früchte für kurze Zeit hinzugeben. Die Vanille- und Zimtstange aus dem Milchreis entfernen. Mit den Früchten und dem Wein vermischen. Sehr schön dekorieren können Sie das Gericht, wenn Sie die Innenwände einer Glasschüssel mit den Scheiben von der Carambole auslegen und den Reis hineinfüllen. Erkalten lassen und auf ein großes grünes Blatt stürzen. Mit einigen roten und grünen Cocktailkirschen garnieren.

Eine Bereicherung des vorgenannten Rezeptes ist die Hinzugabe von gerösteten Cashewkernen. Die Cashewnuß stammt von Sri Lanka, doch paßt sie ausgesprochen gut zu dieser einfachen maledivischen Köstlichkeit. Erhitzen Sie eine trockene Pfanne. Sie geben etwa 50 g Cashewkerne hinein und rösten diese unter Umrühren so lange, bis sie leicht braun werden.

Kommen wir kurz zu der Frucht, die entscheidend die Optik der Inseln beeinflußt: die Kokosnuß. Am "Himmelsbaum" hängend, und zwar das ganze Jahr über, stellt diese Frucht von den Möglichkeiten der Nutzung her wohl alles in den Schatten. Es gibt keinen Teil der Pflanze, der nicht verwendet wird. Selbst uns Besuchern der Inseln eröffnet sie mehrfachen Nutzen, und sei es nur, daß man sich im Schatten der Palmen entspannt. Allerdings sei geraten, vor Genuß der köstlichen Frucht nicht Tarzan spielen zu wollen. Dies hat schon so manche Urlaubsfreude getrübt. Überlassen Sie die Ernte - und gerade auch das Öffnen der zum Teil sechs Zentimeter dicken, zähen Schale - lieber einem kundigen Eingeborenen. Der "Baum des Lebens" kehrt sich schnell ins Gegenteil, wenn man nicht aufpaßt. Schaukeln oder Hängematten unter hohen Palmen sind zugegebenermaßen sehr romantisch, aber gefährlich. Hoch über dem Haupt hängen nämlich das ganze Jahr über viele Kokosnüsse.

Woher die Kokosnuß stammt, ist nicht genau zu belegen. Sicher ist nur eines: Die Verbreitung an den Küsten der Tropen wurde durch das Wasser und dessen Strömungen besorgt.

Auf den Touristeninseln werden die Nüsse gegessen und deren frische "Milch" auch getrunken. Daß hier eine Piña Colada besonders gut mundet, ist klar, vor allem, wenn diese mit einigen Blüten dekoriert in der Originalschale gereicht wird. Daß die Nuß - ja, die

Maledivisches Curry

Zutaten für 4 Personen
2 frische Ananas
2 kleinere Mangos
2 Kokosnüsse
1 Molurübe
1 kleine Stange Lauch
1 rote Pepperoni
2 EL Curry
1/2 Pfund Reis
1/4 Sahne   2 EL Butter

Reis mit 1 EL Curry kochen.
Ananas längs halbieren, aushöhlen und zerstückeln. Kokosnuss und Molurübe raspeln und 1 Minute in kochendem Wasser blanchieren.
Lauch in feine Streifen schneiden und ca. 3 Minuten blanchieren.
Pepperoni klein hacken und mit den in Würfel geschnittenen Mango und der Ananas in Butter schwitzen.
Alle Zutaten mit dem Rest des Currys vermischen und in den Ananashälften servieren.

Variante – wie oben – jedoch zusätzlich: Fischstückchen mit Butter und Curry kurz braten und unter die anderen Zutaten mischen.

Wenn Sie die Kokosnüsse halbieren und aushöhlen, haben Sie 4 stilvolle Trinkgefäße für Piña Colada.
Die Hälften am besten in flache Salatschalen stellen.

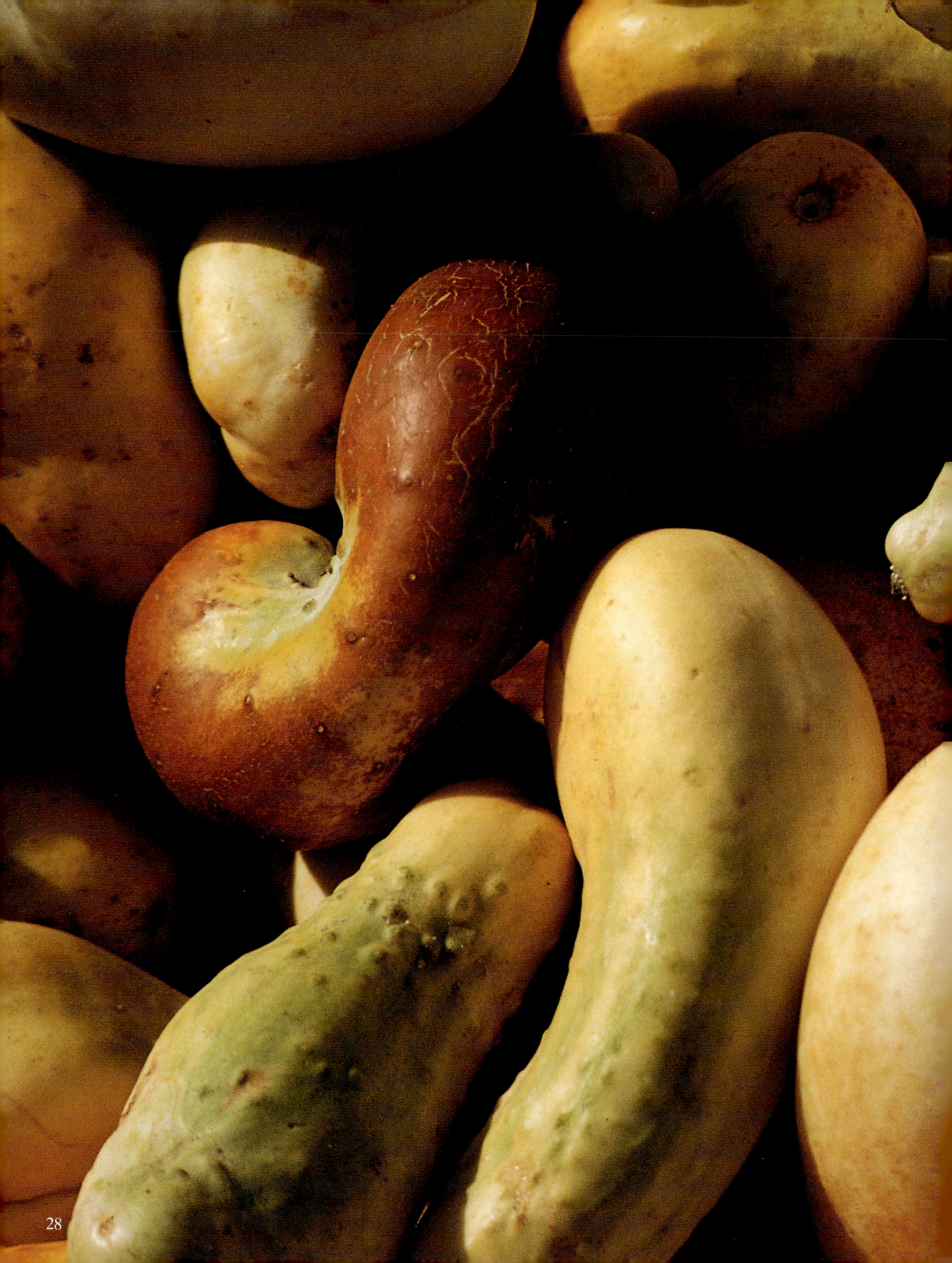

ganze Palme - von den Eingeborenen für noch ganz andere Zwecke gebraucht wird, ist einleuchtend, aber wohl kein Tourist weiß das. Der Stamm beispielsweise wird steinhart, wenn er einige Zeit im salzhaltigen Korallenabrieb eingegraben war. Danach wird er als Baumaterial verwendet. Aus den Palmblättern werden mit hohem handwerklichem Können nicht nur Matten, Körbe und vieles andere Nützliche für den täglichen Bedarf hergestellt, sondern auch die Bedachungen der Bungalows. Kokosnußöl spielt eine nicht unwesentliche Rolle in der Küche, und auch die Kokosnußfasern dürften den meisten von uns nicht ganz unbekannt sein. Sie sollten Ihre Fußmatte zu Hause doch vielleicht einmal unter einem anderen Aspekt betrachten. Möglicherweise marschieren gerade Sie täglich über ein Stückchen der Malediven. Diese Vorstellung ist doch schön, oder nicht?

Kommen wir wieder zurück zu weißem Sand und türkisblauem Wasser. Alle Inseln haben das nämlich gemein: Traumstrände und Wasser, wie es schöner nicht sein könnte. Aber wir sollten uns alle darüber im klaren sein, daß es auch in unserer Verantwortung liegt, gerade als Besucher, dieses Paradies zu schützen.

Respektiert werden sollte natürlich die Religion der Eingeborenen, und da man islamischen Glaubens ist, sind Alkohol oder zum Beispiel die Zurschaustellung des Körpers undenkbar.

Ich weise auch ausdrücklich darauf hin, daß alle Rezepte, die Alkohol beinhalten, natürlich dem europäischen Geschmack entsprechend modifiziert werden. Es gibt zwar Alkohol auf den Malediven, aber ausschließlich in den Tourist Resorts.

Ich finde es immer wieder faszinierend, daß ein Typus Urlauber existiert, der annimmt, auch auf den Malediven seine zu Hause so geliebten Weißwürste mit Kraut vorzufinden. Schade, diese Leute werden nie etwas von der landestypischen Küche erfahren, geschweige denn schmecken oder gar verstehen.

Die Tages-"Menüfolge" liest sich denn auch recht schaurig: Sonnenbraten um jeden Preis, als Beilage einige Konsalik- oder Julia-Romane, gewürzt mit Bierdosen und Zigarettenkippen im Sand. Zum Fischgang gibt es farbschreiende Plastikanzüge mit Rallyestreifen, mit Bergen von Tauchgerätschaften direkt am Tisch serviert. Der Zwischengang besteht aus großen Reden von noch größeren Haien und Muränen, meterlangen Barrakudas, und mindestens ein absolut tödlich giftiger Redfish muß als Würze hinzu.

Vom europäischen Gourmetbuffet - bitte hinten in der Reihe anstellen - gibt es dann endlich Sauerkraut und Salami. Moment, der Nachbar möchte das typische Buffet auf Video bannen; endlich dann zum Dessert die Dosenfrüchte, noch ein Bierchen und eine Marlboro. Im Shop noch schnell ein paar

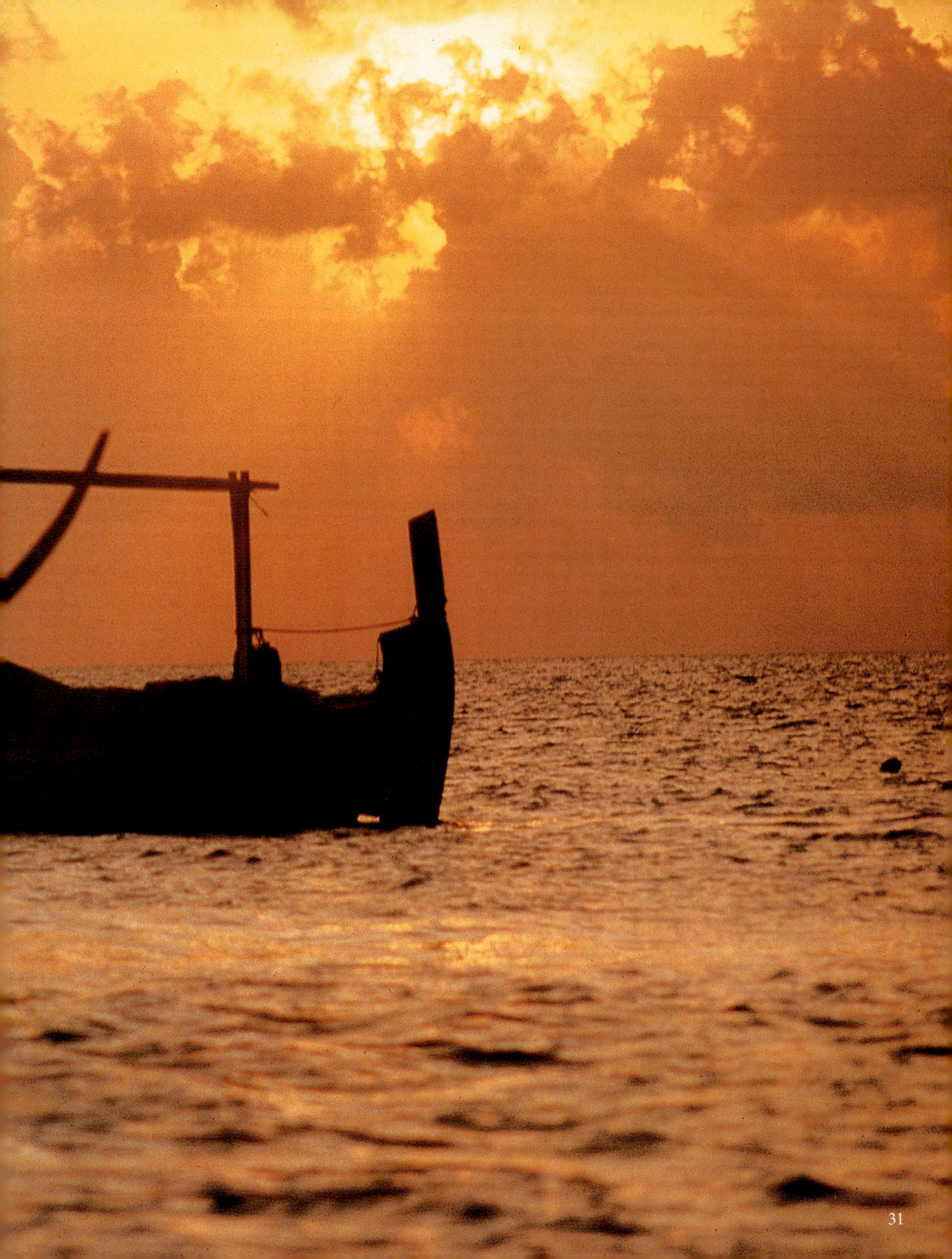

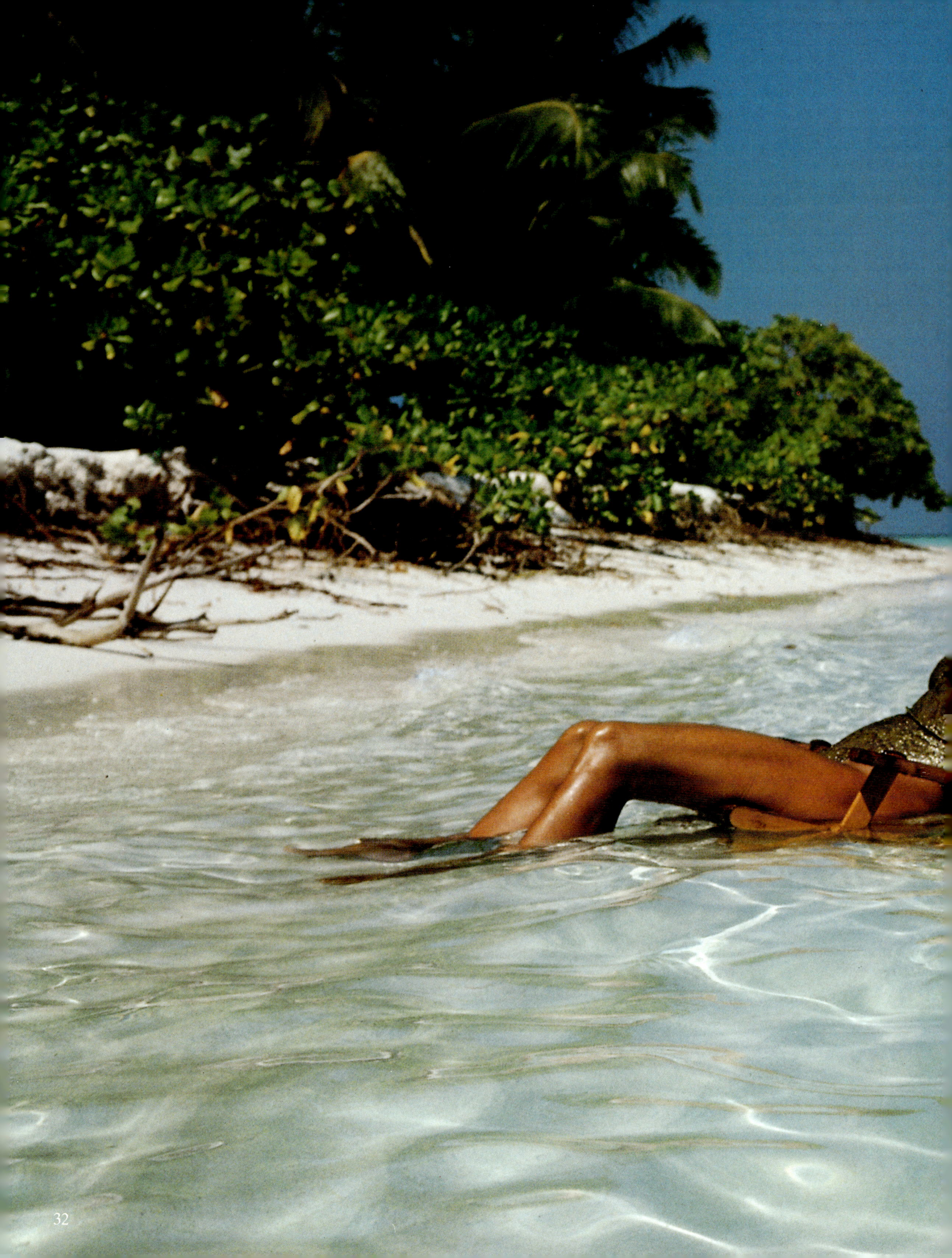

Chips gegriffen, und ab geht's wieder in die Sonne. Fürwahr, ist das ein Traumurlaub!? Vergessen wir das Ganze schnell, geben selbst ein gutes Beispiel und genießen die Malediven pur.

Ein einfaches Rezept kann ich Ihnen geben, wie Sie der vorgenannten Spezies von Urlaubern aus dem Wege gehen können. Nehmen Sie die Informationen des Generalkonsulats der Republic of Maledives in Anspruch. Eine sehr informative und anschauliche Broschüre wird Ihnen auf Anfrage kostenlos zugesandt.
Alle Inseln sind darin beschrieben und bewertet. Und natürlich gibt es wahre Perlen unter all den Inseln, wo Sie sicher sein können, den oben beschriebenen Typus Urlauber nicht anzutreffen.

Eine dieser Perlen ist Cocoa Island im Südmale Atoll. Eric Klemm, der Eigner dieser kleinen Insel, hat vor vielen Jahren hier seinen ganz privaten Traum in die Tat umgesetzt und eine Insel für wenige Individualisten geschaffen.

Seine acht Bungalows sind ganz im maledivischen Stil aus Korallengestein gebaut, der Innenboden ist schneeweißer Sand aus der Lagune. Das Baumaterial selbst lag in Form abgestorbener Korallen direkt vor der Haustür.

Stellen Sie sich bitte das Gefühl vor, die ganze Zeit des Aufenthaltes keine Schuhe mehr zu tragen, nur noch einen farbigen Sarong um die Hüften und Crème auf der Haut. Diese ist auch notwendig, da die Sonne nicht unmittelbar zu spüren ist, aber trotzdem ihre ganze Kraft entfaltet. Fast immer weht ein leichter, äußerst angenehmer Wind über die Inseln.

Man schläft ruhig und entspannt in teils romantischen Betten - wie hier auf Cocoa - mit einem großen Moskitonetz als Himmel. Es gibt sie schon, die kleinen, hier allerdings nicht so häufig auftretenden und ungefährlichen Blutsauger.

Nachts aufzustehen, ein paar Meter zum Wasser zu gehen, sich dort niederzulassen und in die Stille hinein zu lauschen, ist sicher für Romantiker wie Philosophen ein Ereignis.

Morgens dann werden Sie möglicherweise vom fröhlichen Geschnatter kleiner, samtäugiger Geckos geweckt, die allerdings recht scheu sind. Aber keine Panik, die nützlichen Tierchen befreien Sie nämlich von Moskitos und vereinzelten Ameisen.

Wenn Sie Glück haben, sehen Sie zwischen den immergrünen und blühenden Büschen wieselflinke Echsen mit grünen Köpfen. Beim ersten Rundgang um Ihre Insel finden Sie wunderschöne Muscheln in tausendfachen Formen und Farben, mitunter sind diese von winzigen Einsiedlerkrebsen bewohnt. Die Eingeborenen haben ein gutes Auge für die schnellsten und sammeln diese für einen harmlosen Sport. Crabracing heißt es denn mitunter abends zum großen Vergnügen aller Beteiligten. In den Sand wird ein großer Kreis gezogen, die Krebse erhalten Nummern, und dann kann gewettet werden, welcher Krebs als erster am Außenrand ist.

Die Seele baumeln lassen, so könnte man den Tagesverlauf am besten kennzeichnen. Was für die einen der Wassersport, ist für die anderen die Beschäftigung mit sich selbst.

Wassersport wird natürlich ganz groß geschrieben, kaum eine Insel, auf der nicht eine Tauchstation wäre. Aber man muß kein Taucher sein, um die schillernde Unterwasserwelt zu

sehen und zu erleben. Schnorchelnd oder sich ganz einfach so treiben lassend, empfindet man diese bunte Disney-World staunend. Sicher werden Sie jetzt nach den Gefahren fragen, nach Haien und Company.
Sagen wir es so, wie es ist: Man sollte nicht mit der Gefahr spielen, aber im Vergleich zum Schnorcheln innerhalb eines Hausriffs ist die Benutzung eines Fußgängerüberweges in unseren Großstädten glatter Selbstmord. Eines sollten Sie nie tun, mit nackten Fingern nach Korallen oder in kleine Höhlen greifen. Korallen können starke Hautreizungen hervorrufen, sind meist scharfkantig und stehen zudem unter Naturschutz. Und in Höhlen könnte sich schon mal ein nicht so freundlicher Fisch angegriffen fühlen. Wenn Sie erst einmal Stückchen von Brot mitgenommen haben, werden Sie die ganze bunte Unterwasserbevölkerung um sich herum haben, denn die Fische hier kennen noch keine bösen Menschen. Über das Riff hinaus sollten Sie nie alleine schwimmen, und wenn schon einmal ein Riffhai in Sicht kommt, nicht in Panik geraten. Es sind äußerst wenig Fälle von Angriffen oder Unfällen bekannt. Und wenn, war es ein gefahrliebender Tourist, der auch noch einem Hai ein blutiges Stück Fisch vor die Nase hielt. Daß so jemand verletzt werden kann, ist eigentlich klar.

Auch wenn ich bewußt auf Unterwasserfotos verzichtet habe, weil es diese wirklich schon bergeweise gibt, will ich doch nicht versäumen, Ihnen einen kleinen Eindruck zu vermitteln.
Unser Schöpfer muß hier seinen besonders kreativen Tag gehabt haben. Es beginnt recht harmlos und ganz nah am Strand: schneeweiß-silbrige Fische mit blauen Punkten am Bauch, gefolgt von einem spitzmäuligen und unter einem Zentimeter dicken Verwandten, der ein blaugelbes Stirnband trägt. Dann einige - wirklich hörbar - korallenknabbernde Papageifische in allen Regenbogenfarben. Regenbogen würden ob der Farbenpracht vor Neid erblassen. Zebra- und Nashornfische, aufdringlich-freundliche Drücker, flinke Doktorfische und wie sie alle heißen. Getupft und gestreift. Fischgrätmuster in Grün auf Violett. Zarter brauner Nadelstreifen auf gelbem Grund mit roten Sprenkeln. Von den Korallen und Seeanemonen ganz zu schweigen, die gibt es in allen Farben und Formen, auch solchen, die man noch nie gesehen hat. Also, ein bißchen dick hat der alte Herr schon aufgetragen, werden auch Sie sagen, wenn Sie sein Werk betrachten.

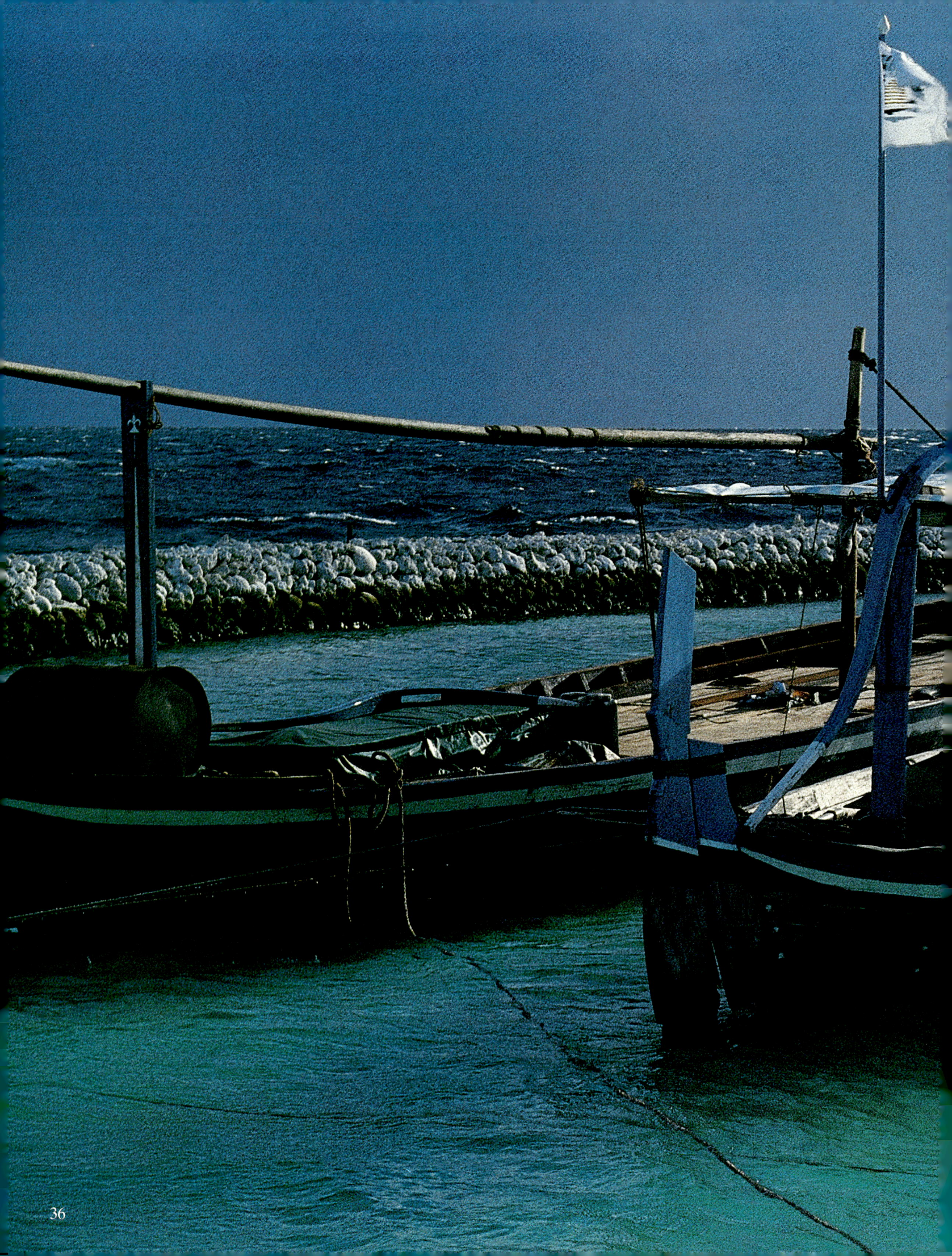

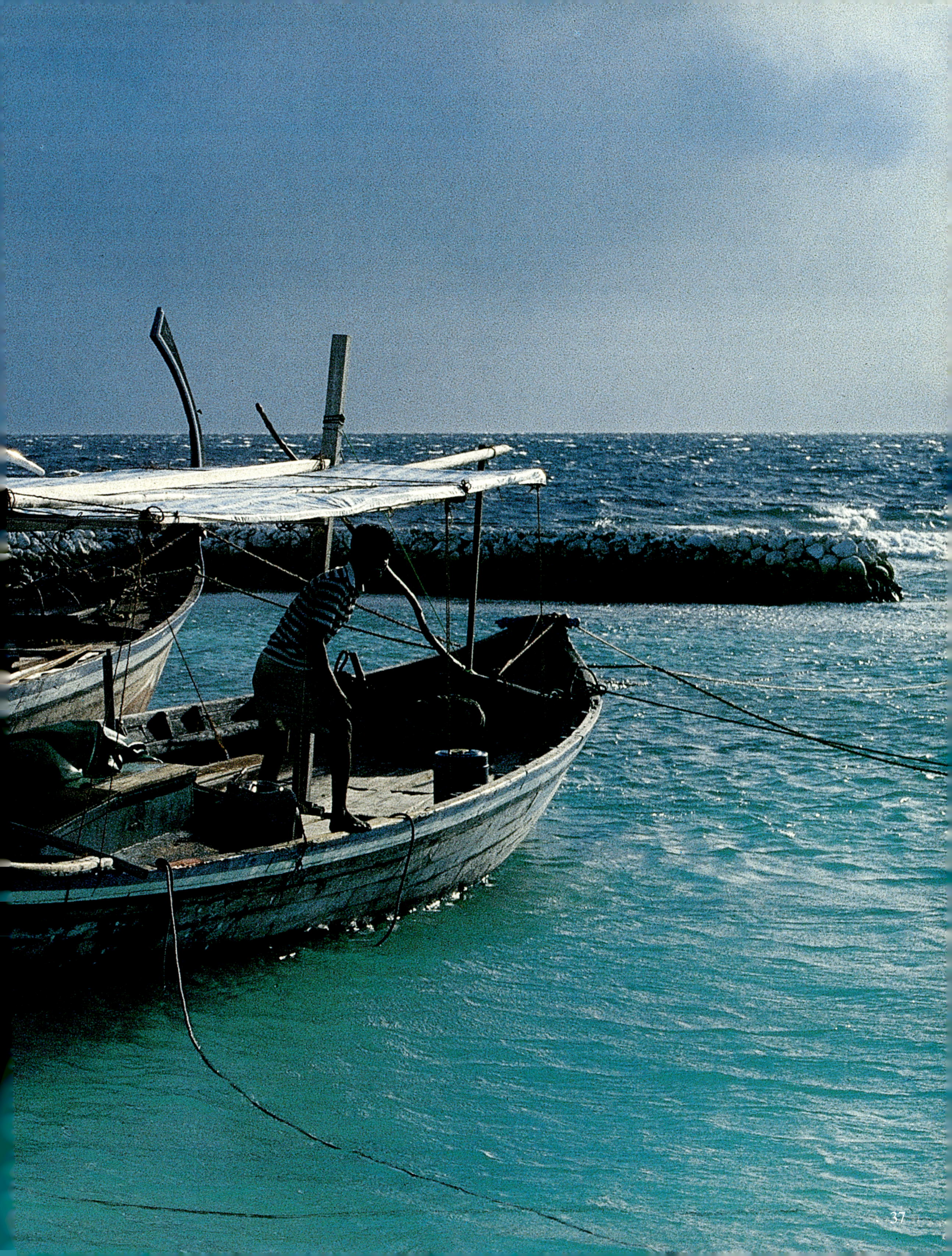

Trinkwasser gibt es auf den Inseln natürlich auch, Sie sollten es trotzdem nicht trinken, weil wir Europäer viel zu empfindlich sind. Wenn Ihnen mal nicht gut sein sollte, halten Sie es einfach wie die tropenerfahrenen Engländer: Gin Tonic oder Wodka Lemon. Da ist relativ viel Chinin drin, was unser Organismus bei diesem Klima braucht, außerdem schmeckt's gut.

Auf einigen Inseln riecht es ungewöhnlich, wenn Sie den Hahn der Dusche aufdrehen. Dies liegt meist an dem schwefligen Wasser, welches allerdings - veträgt man den Geruch - der Haut wiederum guttut. Viele Inseln besitzen allerdings schon eigene Meerwasser-Entsalzungsanlagen.

Gut riecht es allerdings immer ab circa sechs Uhr abends - und danach lassen sich fast die Uhren stellen -, wenn an den immergrünen Büschen die kleinen weißen Blüten sich öffnen. Dann riecht die ganze Insel betörend nach Parfum.

Kein Tag, kein Morgen oder Abend ist wie der andere. Jede Minute ändern sich die Farben des Wassers und des Himmels, mitunter auch des Wetters. Und das ist ein unvergleichliches Naturereignis.
Strahlend blauer Himmel, kein Wölkchen trübte noch vor einer Minute das Sonnenvergnügen, da sieht man plötzlich über der nur wenige Kilometer entfernten Nachbarinsel ein riesiges schwarzes Gebilde, und schon stürzen Wassermengen ungeahnten Umfangs auf die ahnungslosen Touristen. Frauen reagieren meist am schnellsten und besten, sie nutzen nämlich die Chance, ihre leicht salzhaltigen Haare zu waschen. Tragen Sie den Monsun mit Fassung, nach wenigen Minuten ist der Zauber vorüber. Oder auch nicht: dann nicht, wenn Sie Ihre Reise gerade in der Hauptmonsunzeit unternehmen. Und diese unterliegt jährlichen Schwankungen.

Wenn Sie einmal das Pech ereilen sollte, ist es gut, einige Bücher dabei zu haben. Es soll allerdings durchaus auch Mitmenschen geben - Mann und Frau - die sich dann noch immer etwas zu erzählen haben. Probieren Sie es einmal, der Partner kann meist nichts für das Wetter. Machen Sie es sich in den einfachen, aber teilweise sehr ursprünglich schönen Bungalows bequem.
Da möchte ich gleich noch eine sicherlich auftauchende Frage beantworten. Die Kleidung sollte den Tropen angemessen sein, ein Tuch (Sarong) um die Hüften - auch die Herren tragen das hier - reicht völlig aus. Beim Essen sollten die Kleidungsstücke allerdings ergänzt werden. Wenn Sie keine solchen Tücher besitzen - es gibt genug davon auf den Inseln. Dies ist neben einigen Malereien und Muschelschmuck auch das einzige, was Sie kaufen können, besser: kaufen sollten. Denn Korallen und Schildpatt in Schmuckform sind verboten. Sie laufen außerdem Gefahr, daß Sie in heimischen Gefilden dafür bestraft werden.

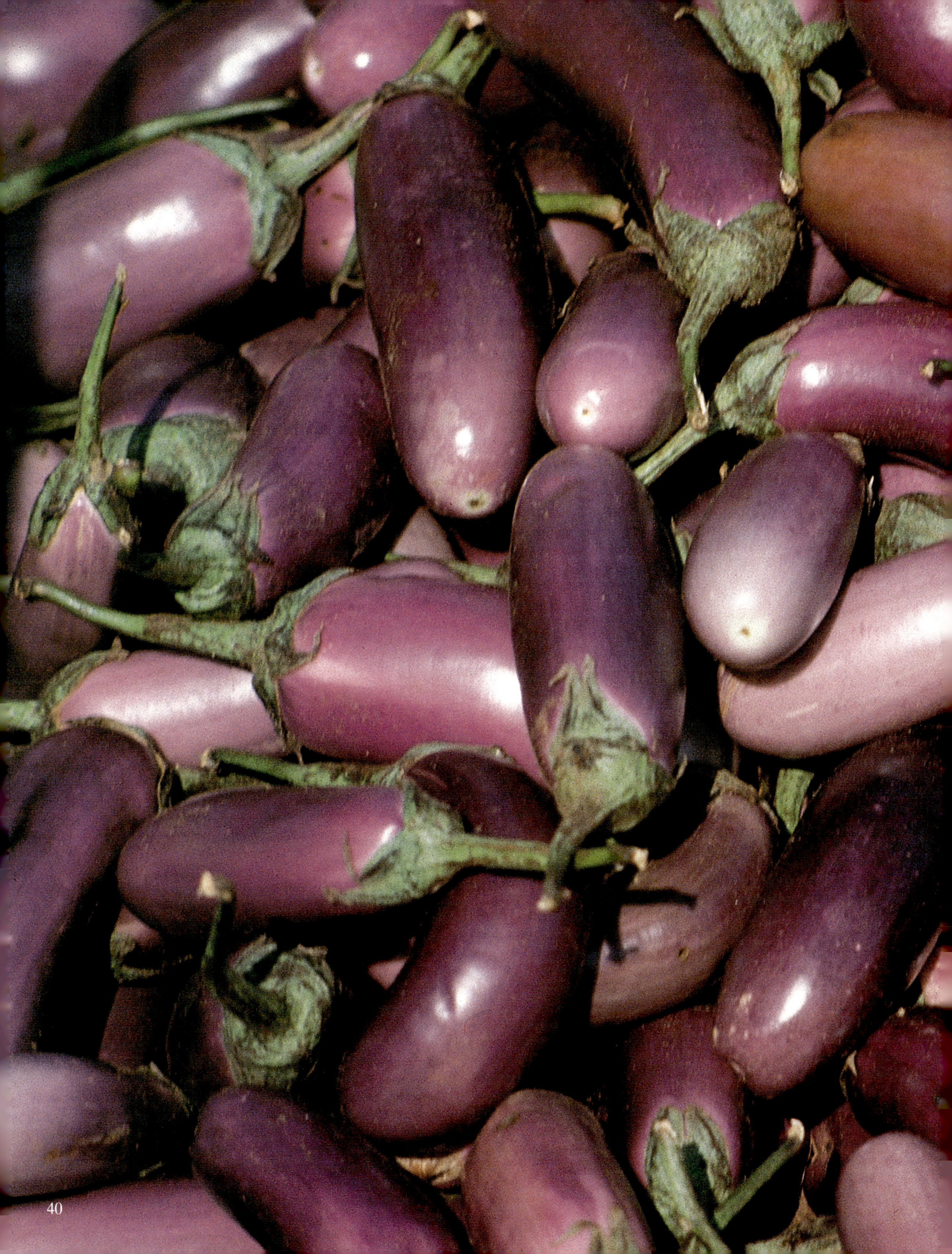

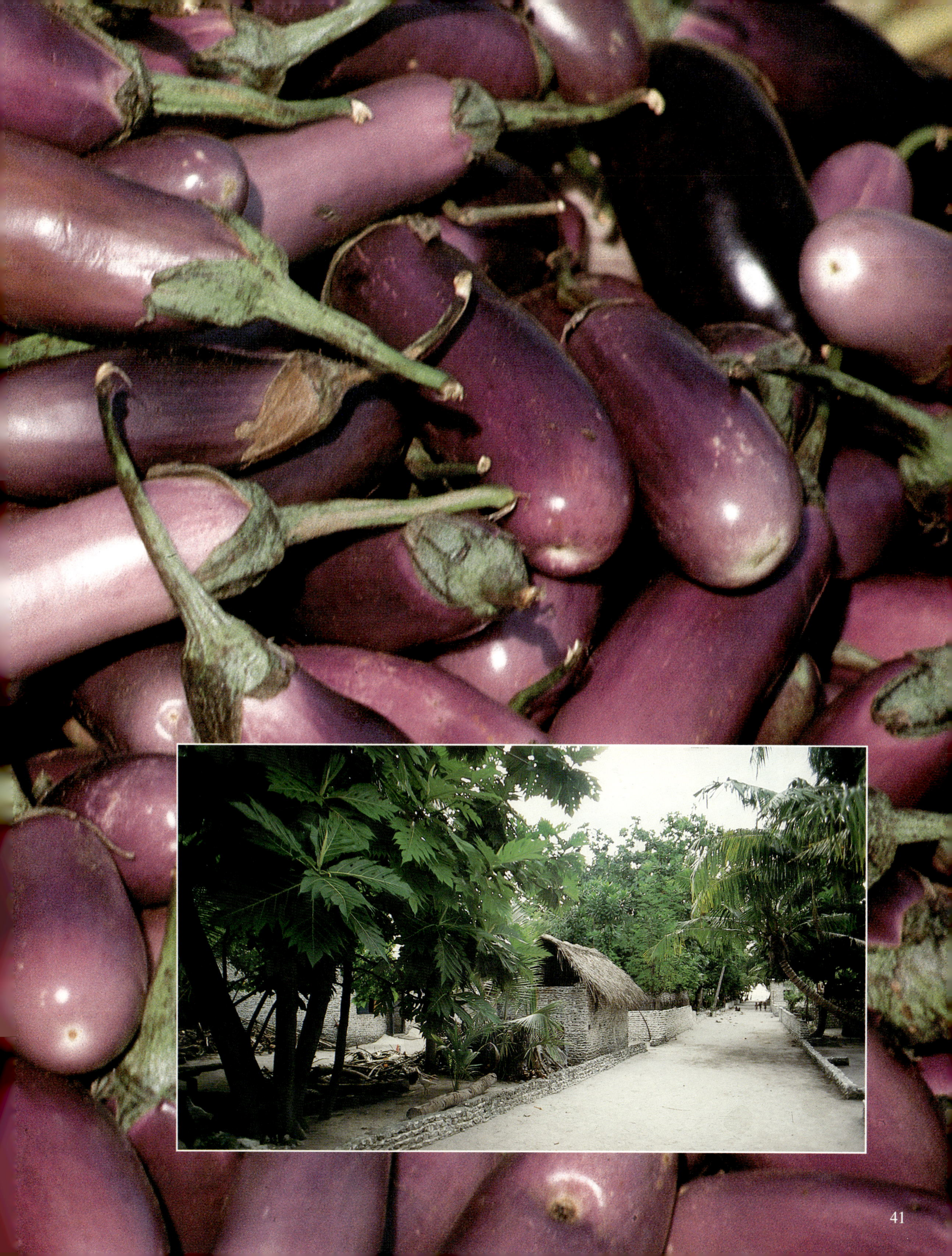

Ich muß gestehen, daß ich früher keinen Reis mochte, vielleicht war das einfach ein Kindheitstrauma. Gerade auf den Malediven habe ich Reis als wichtigen Bestandteil von Rezepten schätzen gelernt. Kartoffeln sind rar und Reis und Nudeln ein Hauptbestandteil der Nahrung. Gerade deshalb gibt es daraus sehr viele raffinierte Hauptgerichte, die übrigens in ihrem Aufbau der klassischen italienischen Küche ähneln.

Grundstoffarme Küchen sind meist sehr kreativ, so auch hier. Probieren Sie einmal folgendes aus:
Kaufen Sie ca. vier oder fünf Pfund Langkornreis und füllen Sie diesen einpfundweise in Gläser. In jeden der Behälter - die trocken und dunkel stehen sollten - mischen Sie natürliche Aromastoffe, ganz nach Geschmack. Durch mehrwöchige Lagerung haben Sie dann wundervoll aromatischen Reis.

Als Aromata eignen sich Chili-Schoten, Kardamom, Nelken oder Ingwer. Der Fantasie sind keine Grenzen gesetzt. Solchermaßen vorbereiteter Reis wird auch in der maledivischen Küche eingesetzt.

Maaya
Zutaten für 4 Personen:
300 - 400 g mit Ingwer und Nelke parfümierter Reis, 100 g gesalzene Butter, 1 Kokosnuß, 1 Glas Geflügel-Fond, 1 ungespritzte Limette, 400 g Fischfilet (Seelachs oder Heilbutt), je 1 grüne und rote Gemüsepeperoni, 1/2 frische Ananas, 1 feste Mango, 1 Gemüsezwiebel, 2 feste Tomaten, 1 EL Curry, etwas Essig und Olivenöl.

Zubereitung:
Den Fisch in kleine mundgerechte Stücke schneiden und mit Chili bestäuben. Die Ananas der Länge nach halbieren und vorsichtig aushöhlen, denn Sie brauchen sie für die Dekoration. Auch die Kokosnuß vorsichtig öffnen, weil Schale, Milch und Nuß benötigt werden.
Die Tomate achteln, die Gemüsezwiebel schälen und fein würfeln. Mit den Tomaten vermischen, salzen, pfeffern und wenig Öl und Essig darübergießen. In eine leere Ananashälfte geben.
Die Limette halbieren, eine Hälfte schälen und in hauchdünne Streifen schneiden. Über den Salat geben. Ananas und Mango würfeln und mit den feingehackten Peperoni vermischen.
In einen großen Topf den Reis geben und ohne Fett unter ständigem Rühren leicht bräunen. Nach und nach die Butter zugeben. Hitze reduzieren und den heißen Geflügel-Fond angießen. 20 Minuten quellen lassen. Bitte rühren! Zwei Minuten vor Ende der Garzeit ein Sieb in den Topf hängen, den Fisch hineingeben. Darüber die Früchte legen. Einen Deckel auflegen und dünsten lassen.
Die Kokosnuß auf einer Küchenreibe dünn raspeln und in einer Pfanne ohne Fett kurz anrösten.
Bei Ihrem Blumenhändler bekommen Sie schöne, große, grüne Blätter. Darauf können Sie das Ganze stilvoll anrichten. Zum Schluß die Kokosraspeln darüberstreuen und die feine Köstlichkeit mit Limettenscheiben garnieren.

Salate spielen in der maledivischen Küche eine wichtige Rolle, sie werden zwar fast alle importiert, haben aber ihren festen Platz zu gegrilltem Fisch und zu Currys. Weißkohl, rote Bete und Gurken sind die am meisten gebräuchlichen. Gurken wachsen häufig auf den Inseln, geschmacklich sind sie mit unseren dicken, gelbgrünen Gartengurken vergleichbar.

Für die Dressings wird viel Zitronensaft mit Kokosnußöl verwendet. Gewürze werden sehr sparsam eingesetzt. Kleine Highlights sind Zwiebeln, Knoblauch, Früchtewürfel und natürlich viel, viel Chili - für europäische Gaumen ungewohnt wegen der vermeintlichen Schärfe.
Ich glaube auch, daß uns die auf den Malediven verwendeten Mengen Löcher in den Magen brennen würden.
Tasten Sie sich also vorsichtig heran. Meine Rezepte sind in diesem Punkt schon etwas auf unsere Zunge ausgerichtet.

Loaysfishi heißt dieses Fischgericht welches wir nach einer der Inseln im Süd Male Atoll benannt haben.
Die Fischart die hier verwandt wurde, ist bei uns nicht erhältlich, am besten nimmt man statt dessen eine größere Lachsforelle.

Zutaten:
1 größere Lachsforelle
2 kleine Bananen
1 Limone, 2 Cocktail-Tomaten, 20g Pinienkerne
Mark einer Kokosnuss, 1/4 Sahne
1 Papaya, 1 kleine rote Chili
Mehl, Curry, Butter

– pürrieren, ebenfalls mit ein wenig Butter in der Pfanne erhitzen und warm stellen.
Die Bananen der Länge nach halbieren und mit ein wenig Zucker und etwas Butter kandieren.

Zunächst bereiten wir die Beilagen zu, Soweit:
Ananas zerstücheln und im Mixer pürrieren, mit ein wenig Limonensaft abspritzen und mit ein wenig Butter in der Pfanne erhitzen. Warmstellen.
Die Papaya ebenfalls zerstücheln, Chili fein gehackt zugeben und

Den Fisch säubern, mit Limone abspritzen, 2 EL Mehl, 1 Teelöffel Curry vermischen und den Fisch darin wälzen.
In Butter bei geringer Hitze von beiden Seiten bräunen.
Die Pinienkerne können während des Bratens mit in der Butter gelassen werden und goldbraun geröstet werden.
Heiß servieren.

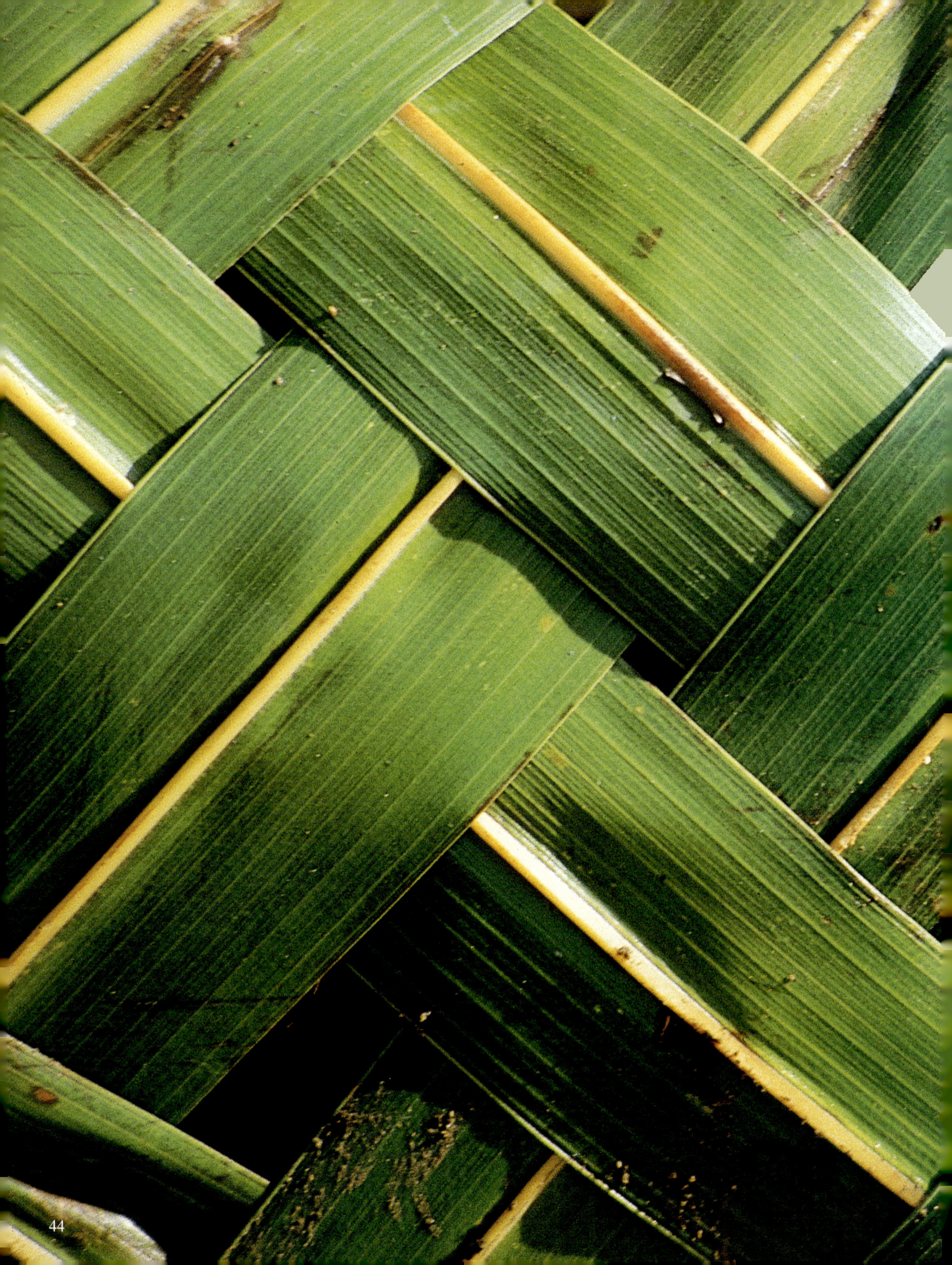

45

Als aufmerksamer Leser werden Sie bei den vorangegangenen Rezepten gedacht haben, daß die maledivische Küche erfreulicherweise keinerlei Luxus kennt. Dem ist aus unserer Sicht auch so. Allerdings sind Langusten, die es natürlich zahlreich in den Gewässern gibt, schon ein gewaltiger Luxus. Aber auch erst seit Beginn des Tourismus. Von da an war und ist die Languste gefragt und teuer.

Das Rezept gebe ich mit gemischten Gefühlen weiter; nicht einmal wegen der Langusten, sondern der Maledivos wegen. Wer sich jetzt in das Licht der untergehenden Sonne setzt, mit seiner Herzallerliebsten zwei Langusten verzehrt und dazu gar noch einen kühlen Champagner trinkt, weiß, daß der Kellner dafür zwei Monate hätte hart arbeiten müssen.

Vielleicht genießen Sie deshalb dieses sehr schöne Rezept besser in heimischen Gefilden. Sozusagen als Vorfreude auf den nächsten Urlaub.

Langustenfrikassee Furana in Safran-Reisrand

Für zwei Malediven-Fans benötigen Sie:
1 frische Languste, 2 Scheiben Steinbeißer, 1/4 l trockenen Weißwein oder Champagner, 1/4 l süße Sahne, 1 EL Zitronensaft, 1 kleine Zwiebel, 50 g Butter, 20 g Mehl, 350 g Langkornreis, Safranfäden oder -pulver, 1 Glas Fisch-Fond, weißen Pfeffer und Salz aus der Mühle.

Zubereitung:
Die Languste in reichlich Wasser kochen und ca. 15 Minuten ziehen lassen. Herausnehmen, abkühlen lassen. Den Reis in einem großen Topf - trocken - unter Rühren leicht anrösten. Mit Fisch-Fond ablöschen, aufkochen und 15 Minuten quellen lassen. Geben Sie gleich nach dem Ablöschen den Safran hinzu.
Den abgetropften Reis in eine gefettete Ringform füllen, fest andrücken und warmstellen.
Die fein gehackte Zwiebel in 20 g Butter glasieren. Fischscheiben von allen Seiten kurz andünsten. Mit Weißwein ablöschen. Bei milder Hitze etwa drei Minuten garen lassen. Fisch herausnehmen und warmstellen. In einem anderen Topf die restliche Butter aufschäumen und mit Mehl glattrühren. Mit dem Fischsud auffüllen und acht Minuten zart durchkochen. Geschlagene Sahne unterziehen. Mit Zitrone, Salz und Pfeffer abschmecken.
Languste auslösen und in Scheiben schneiden. Schalen eventuell zur Dekoration benutzen. Reisrand auf eine vorgewärmte Platte stürzen, die zuvor mit großen Blättern ausgelegt wurde. In die Mitte Fisch- und Langustenteile geben. Sauce darübergießen. Ein kühler Champagner - und die Vorstellung von den Malediven ist perfekt.

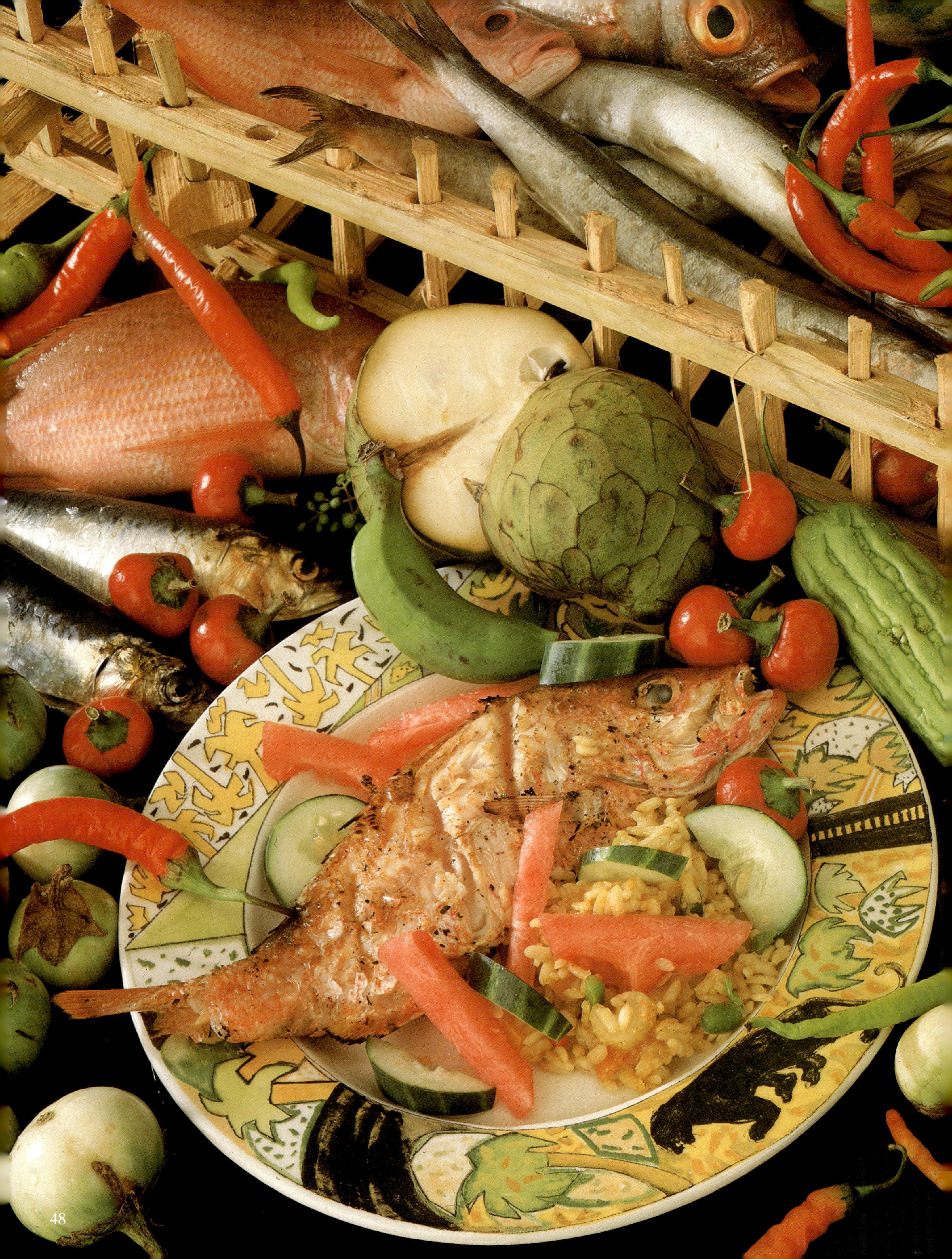

49

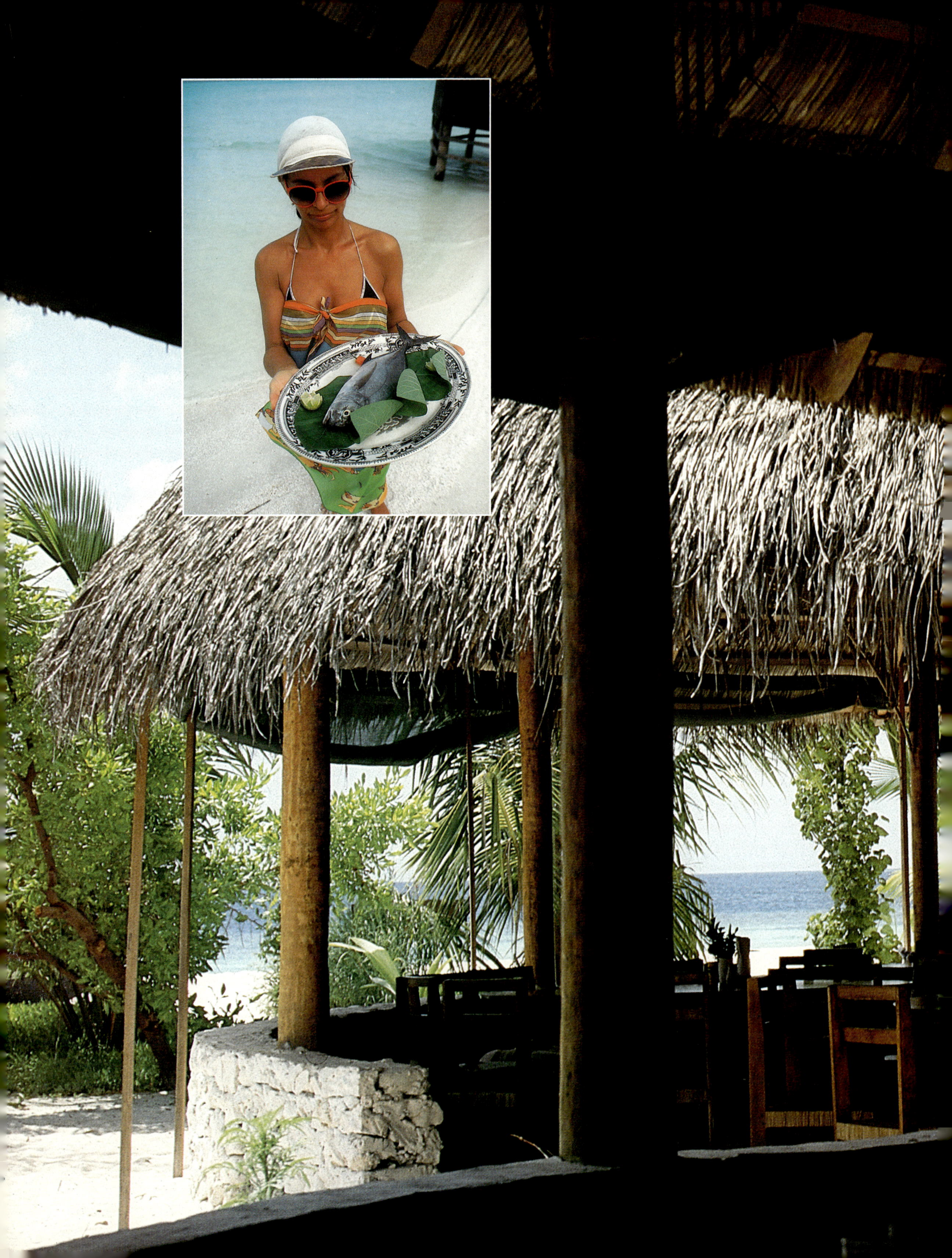

51

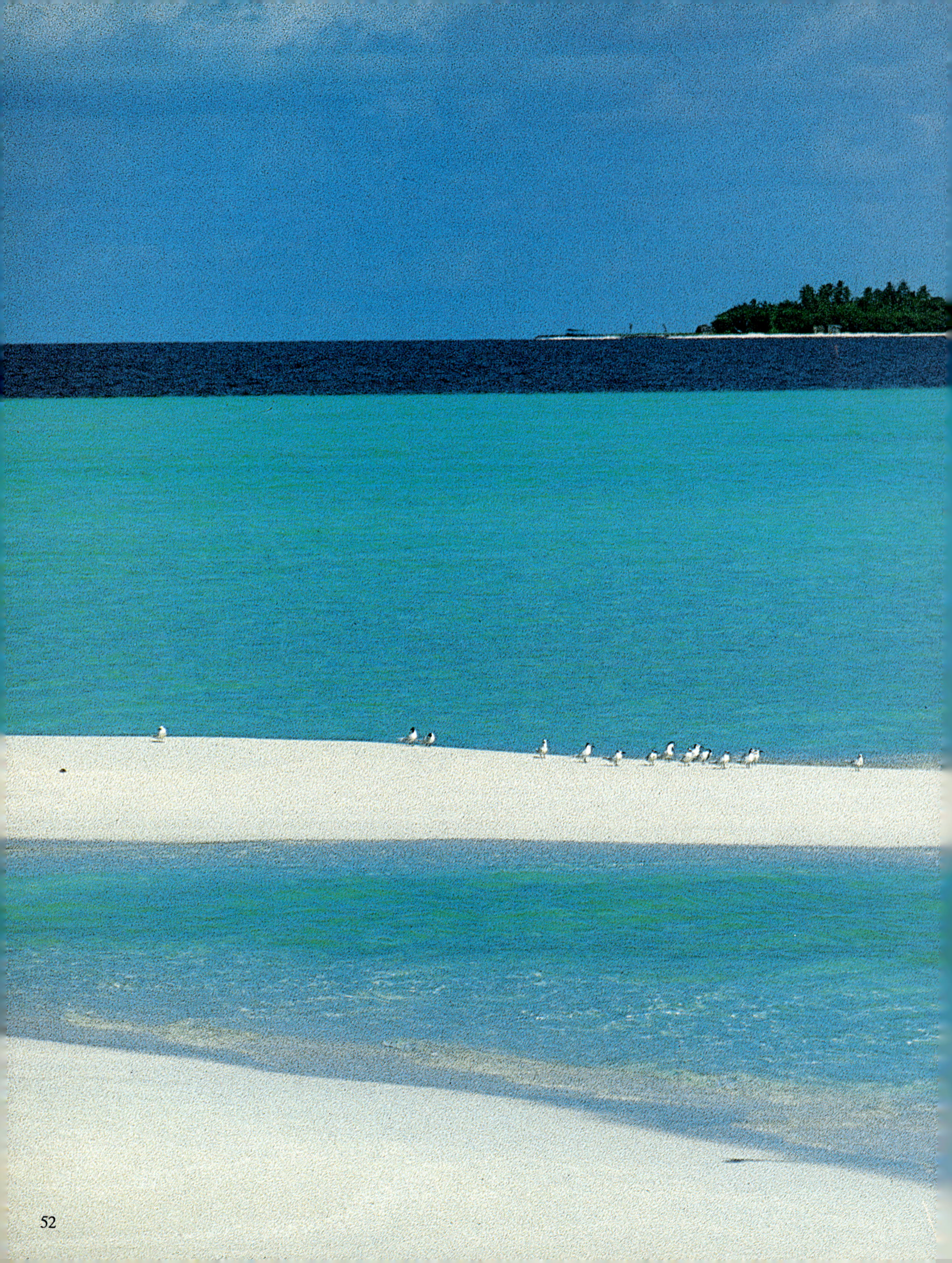

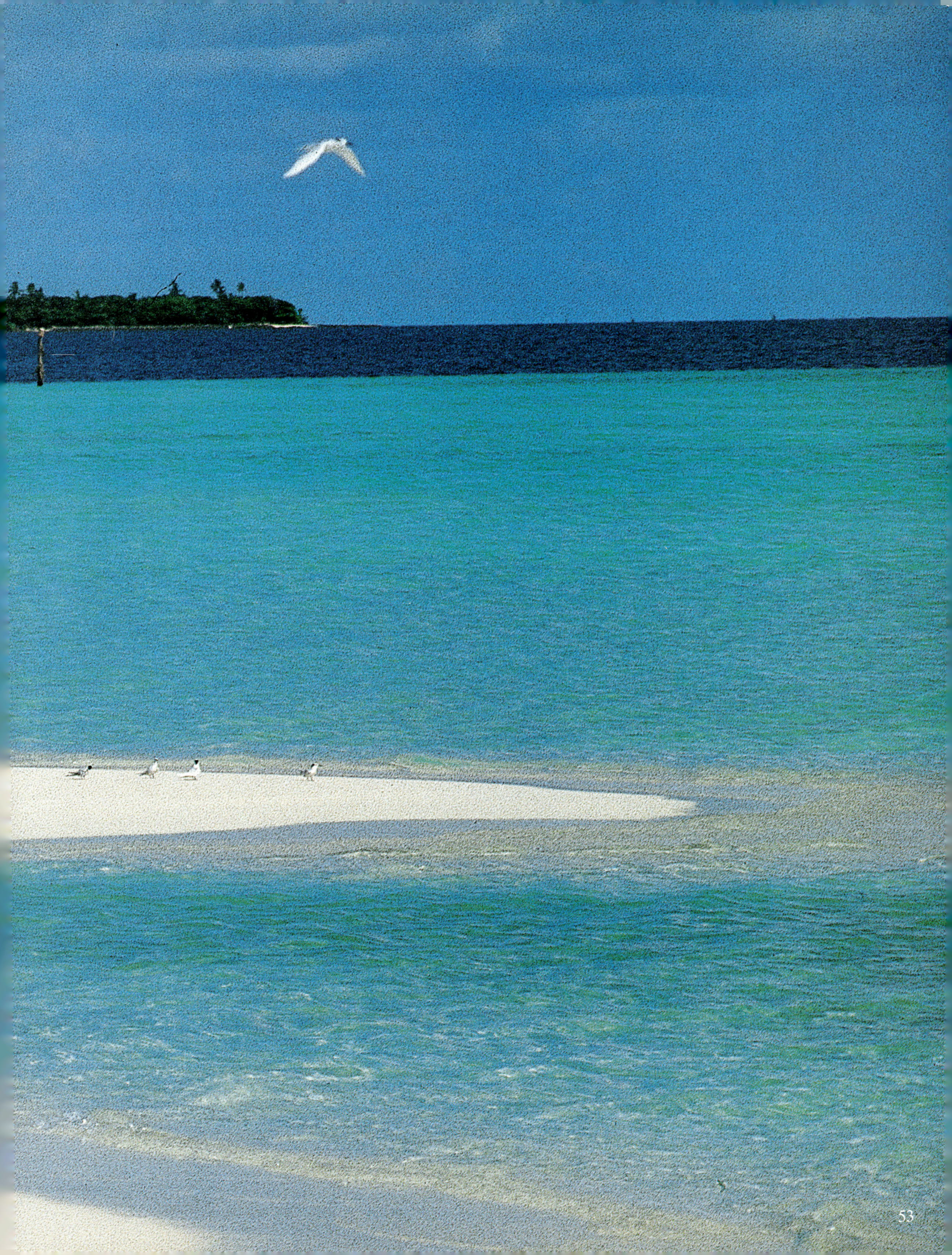

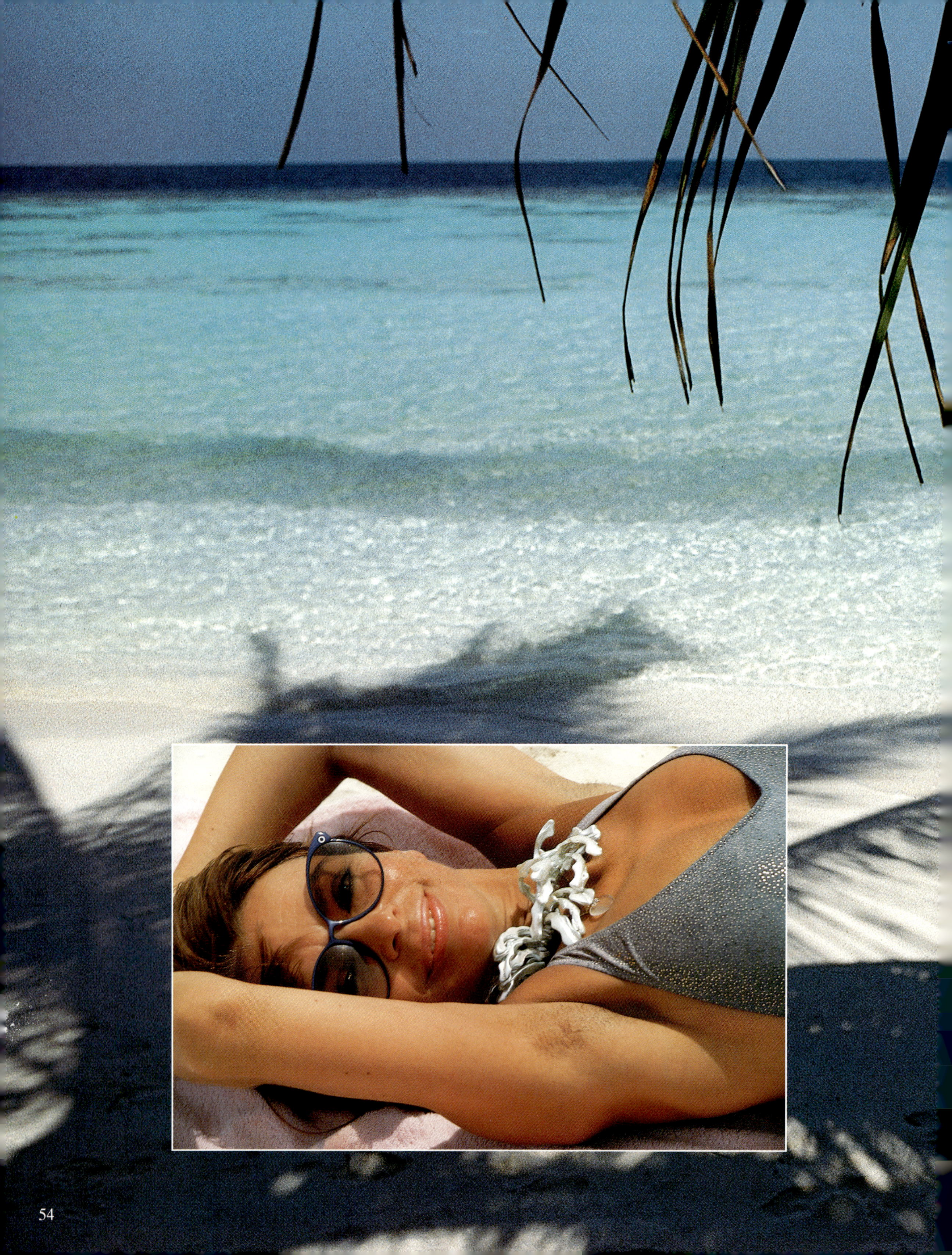

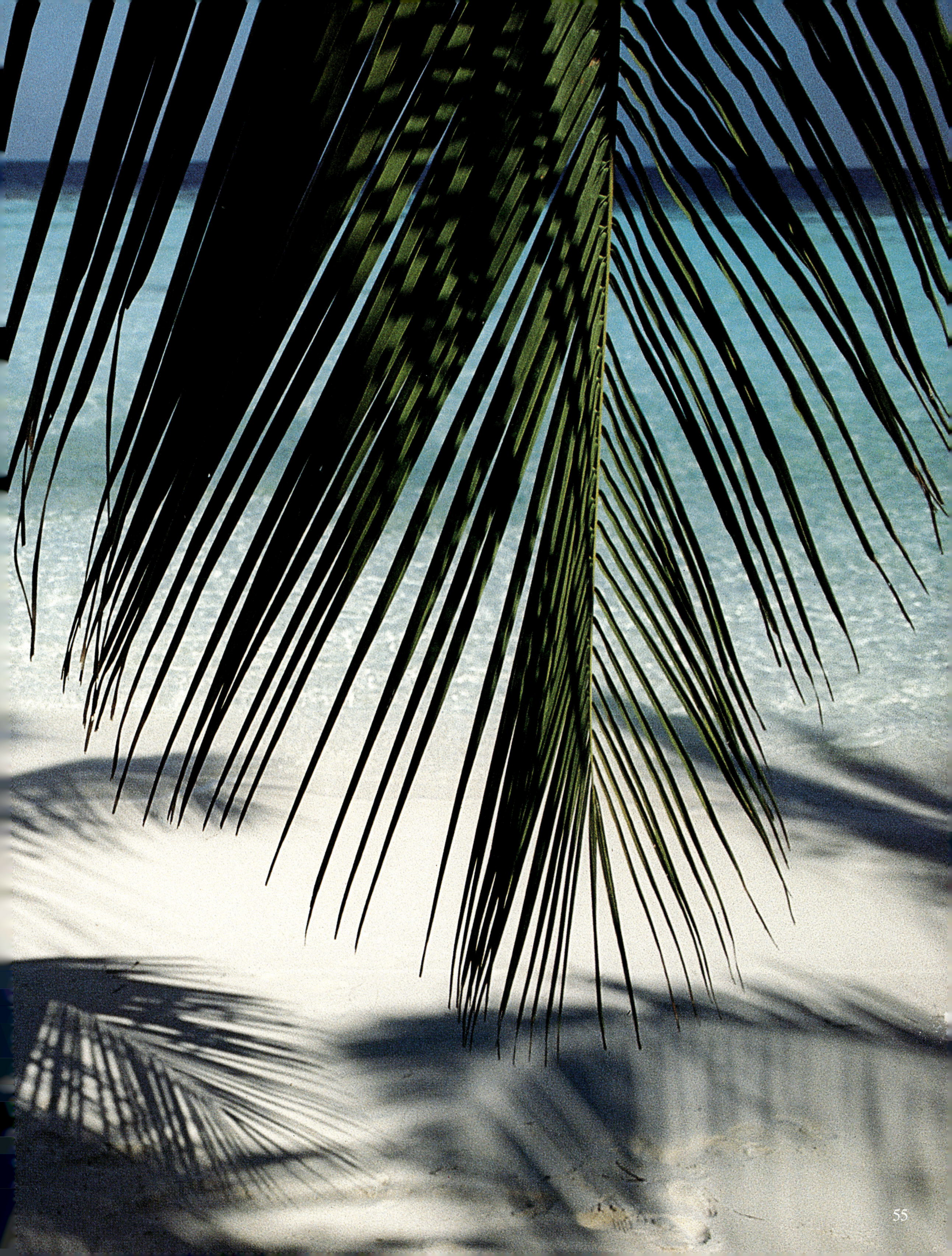

56

57

58

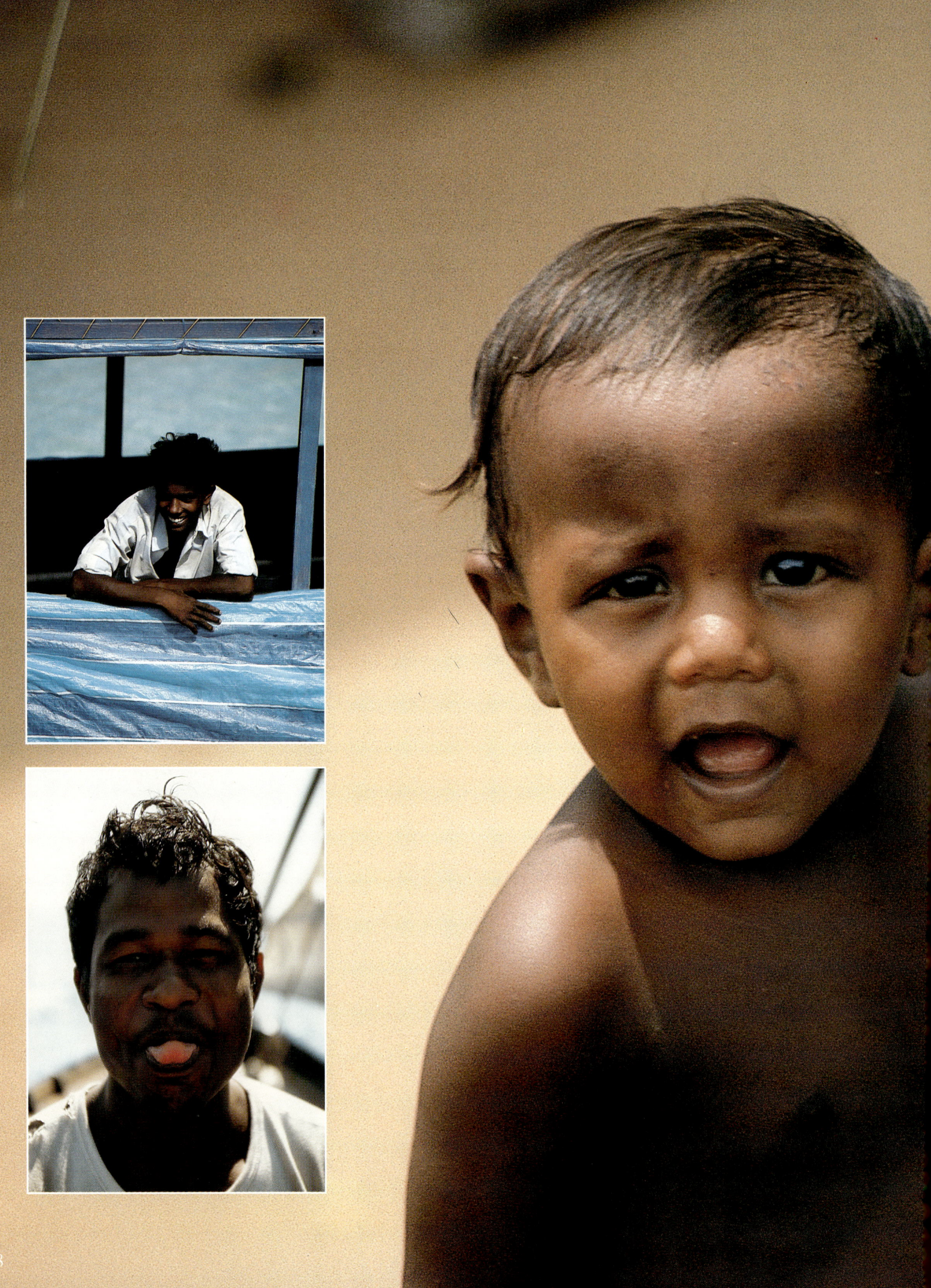

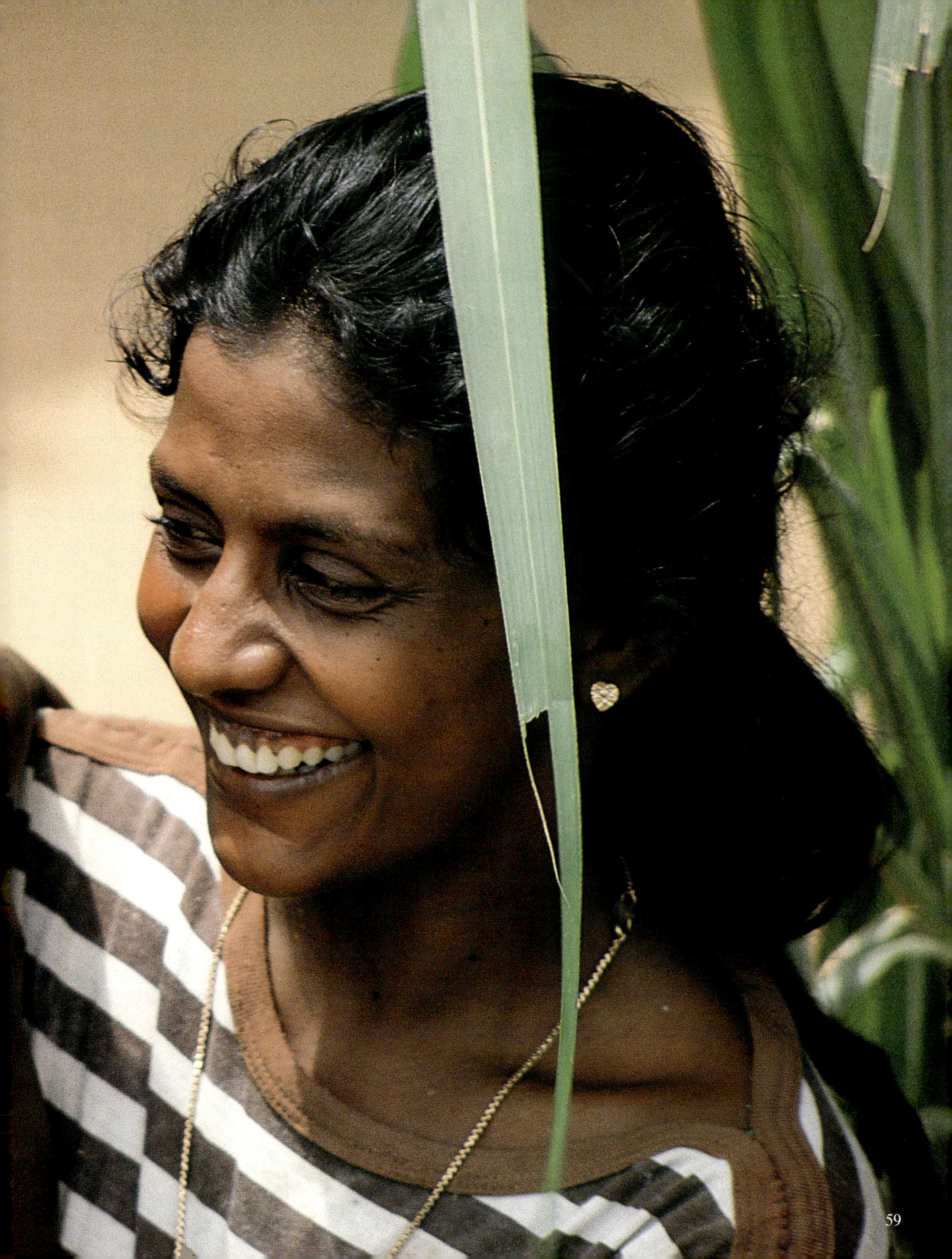

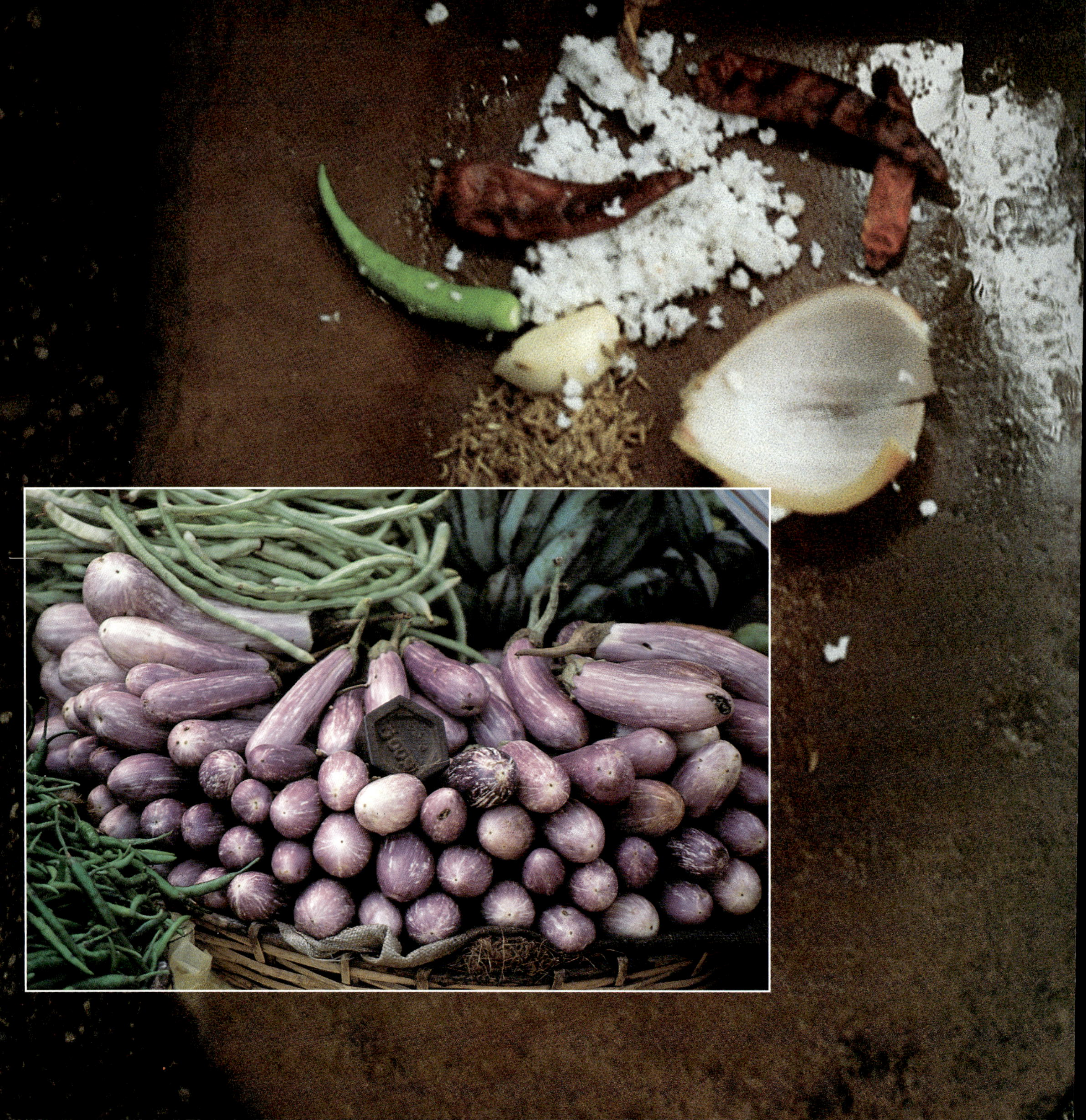

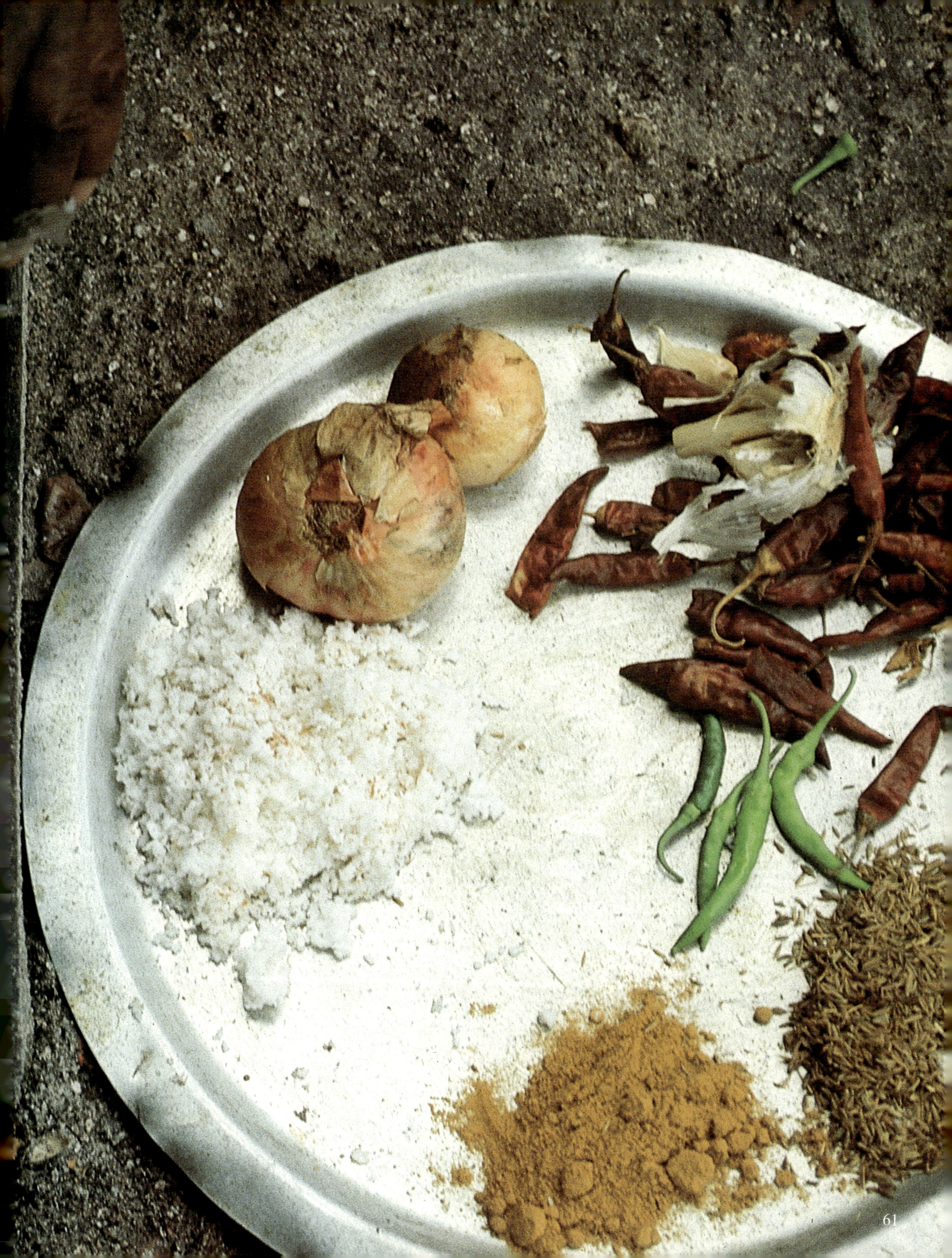

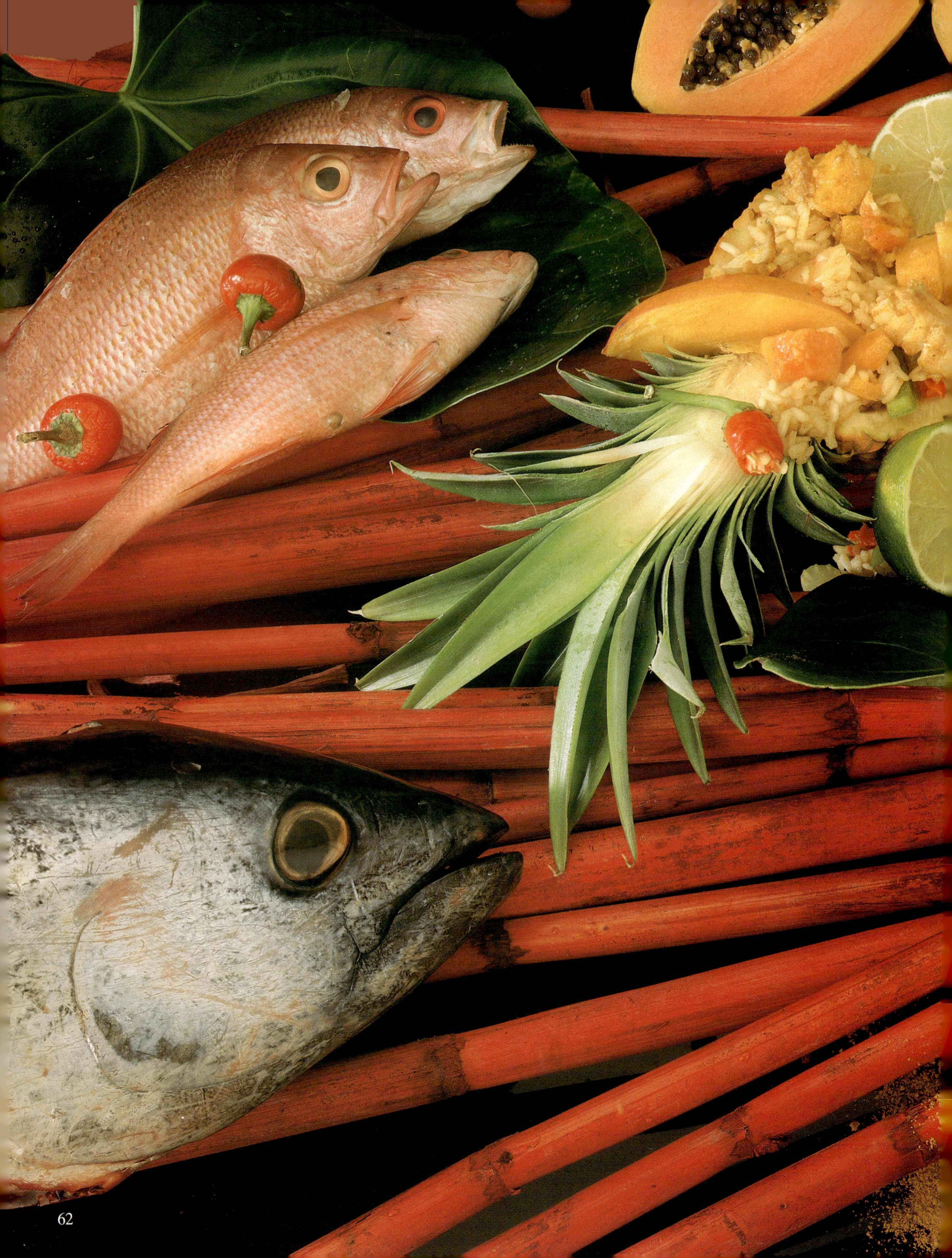

63

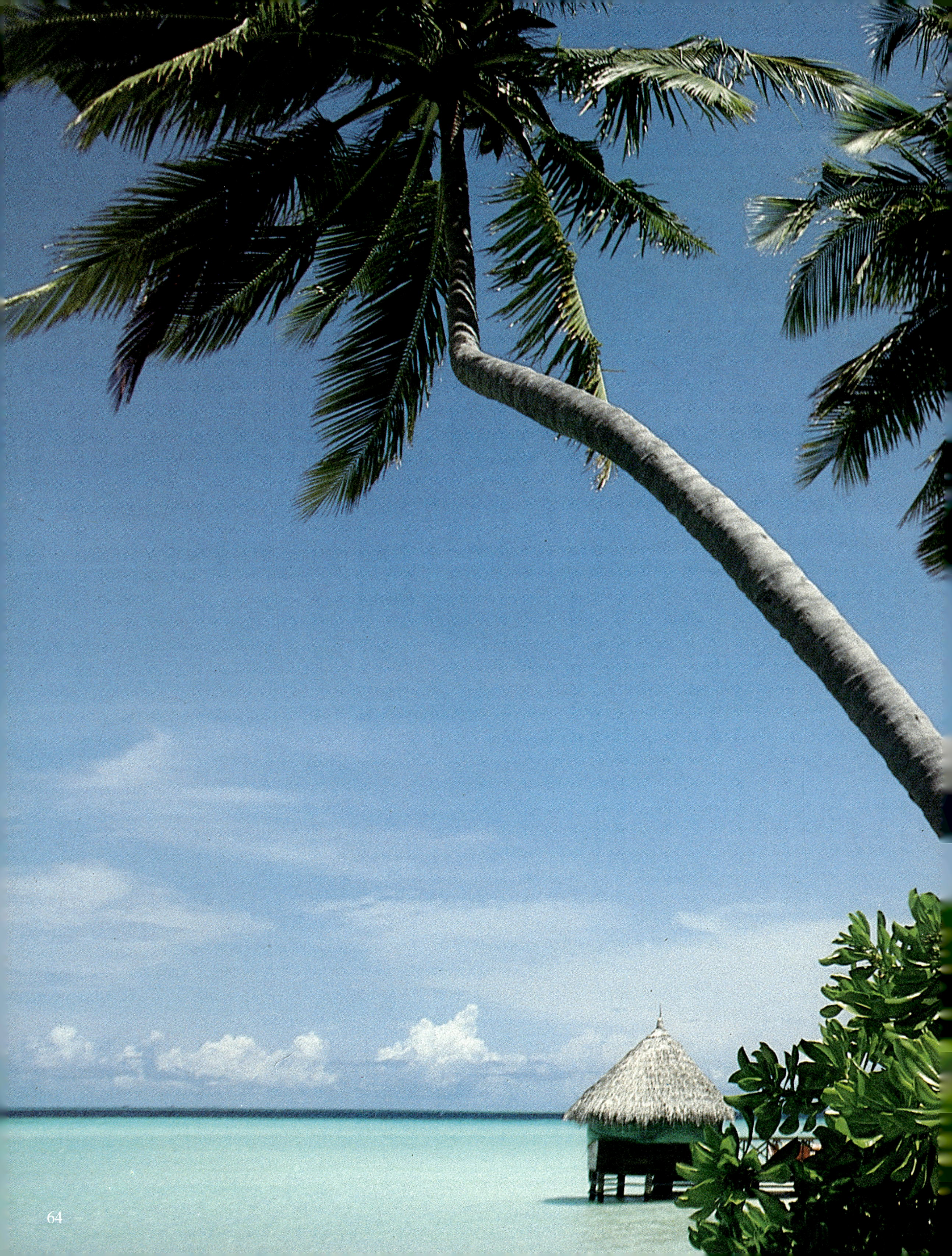

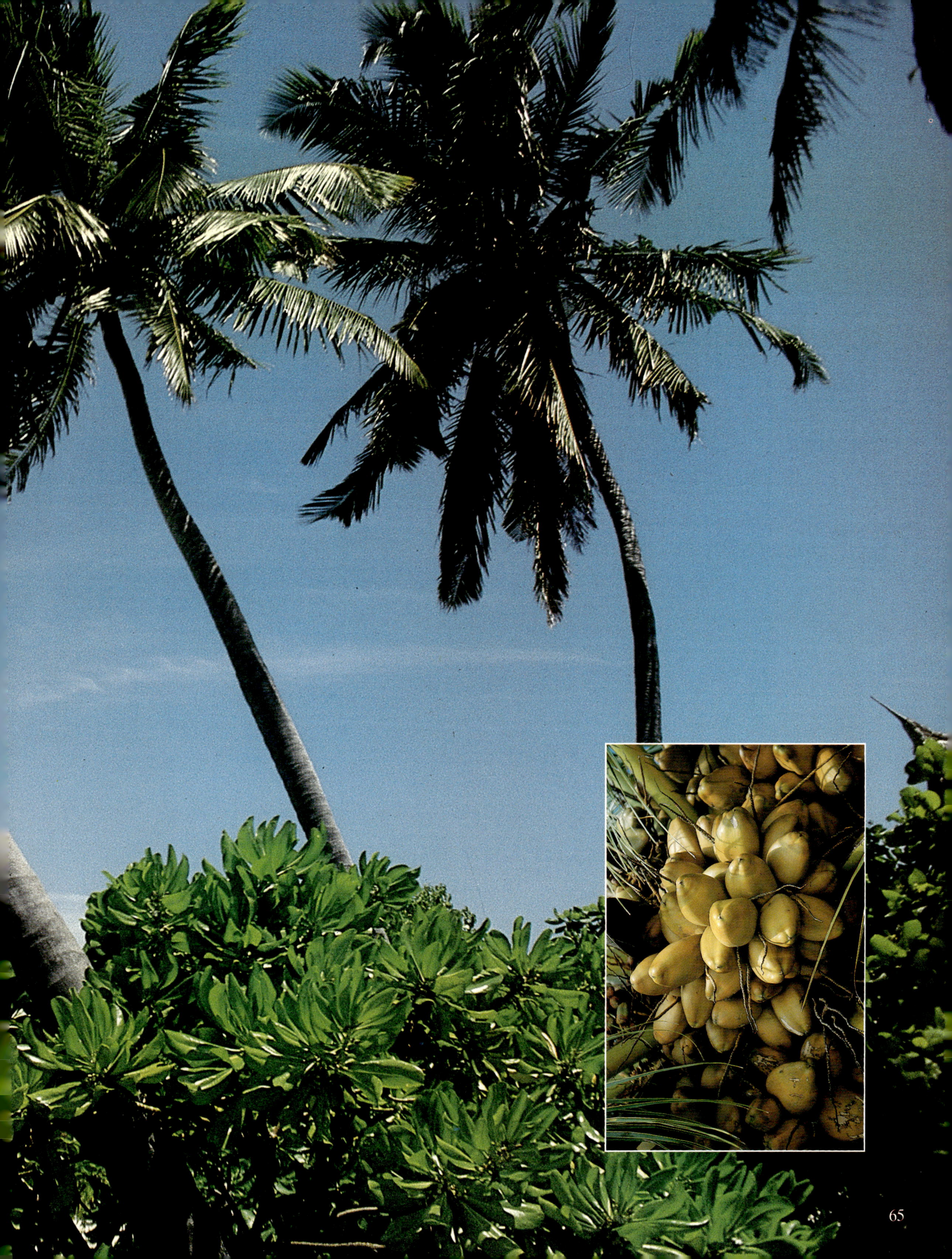

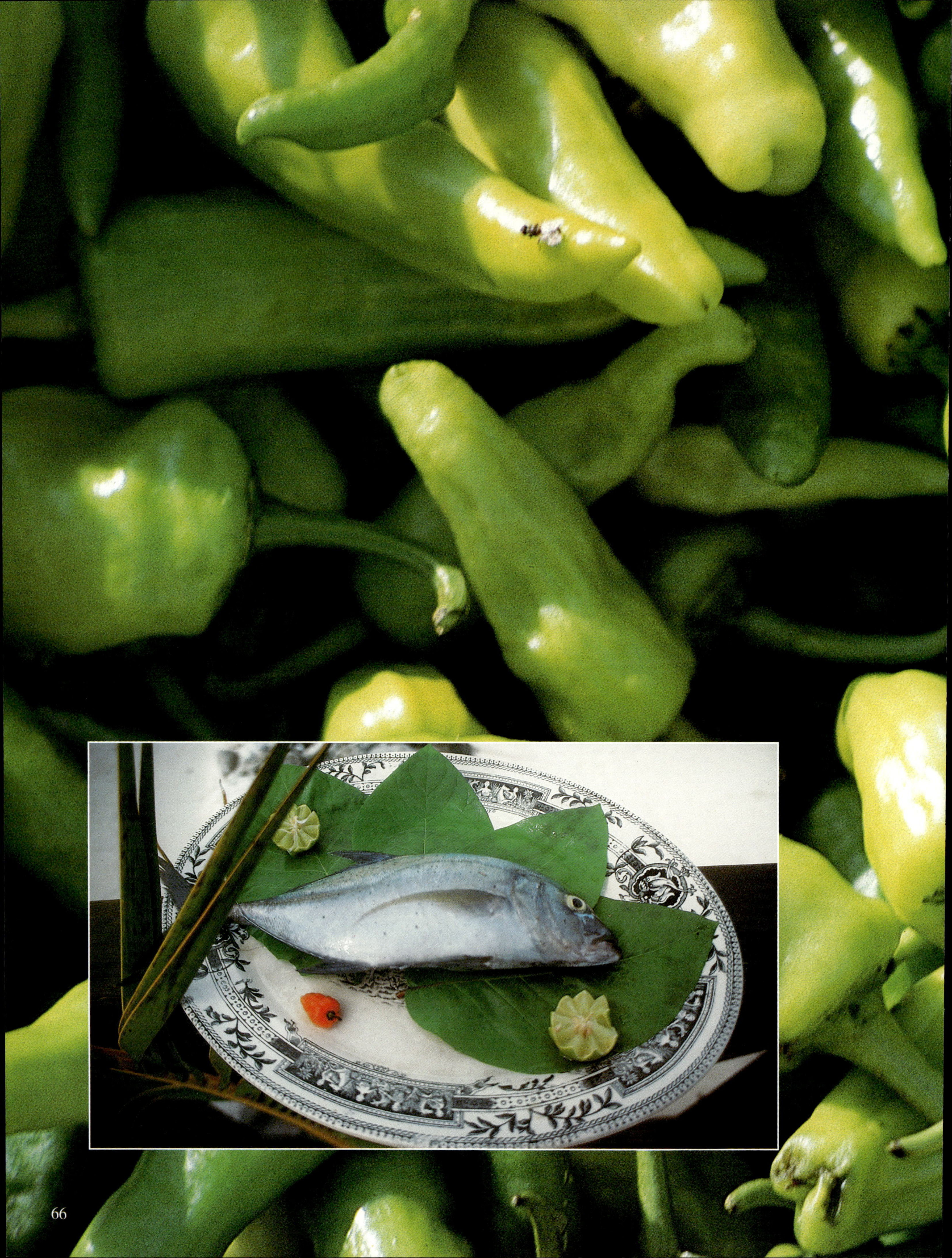

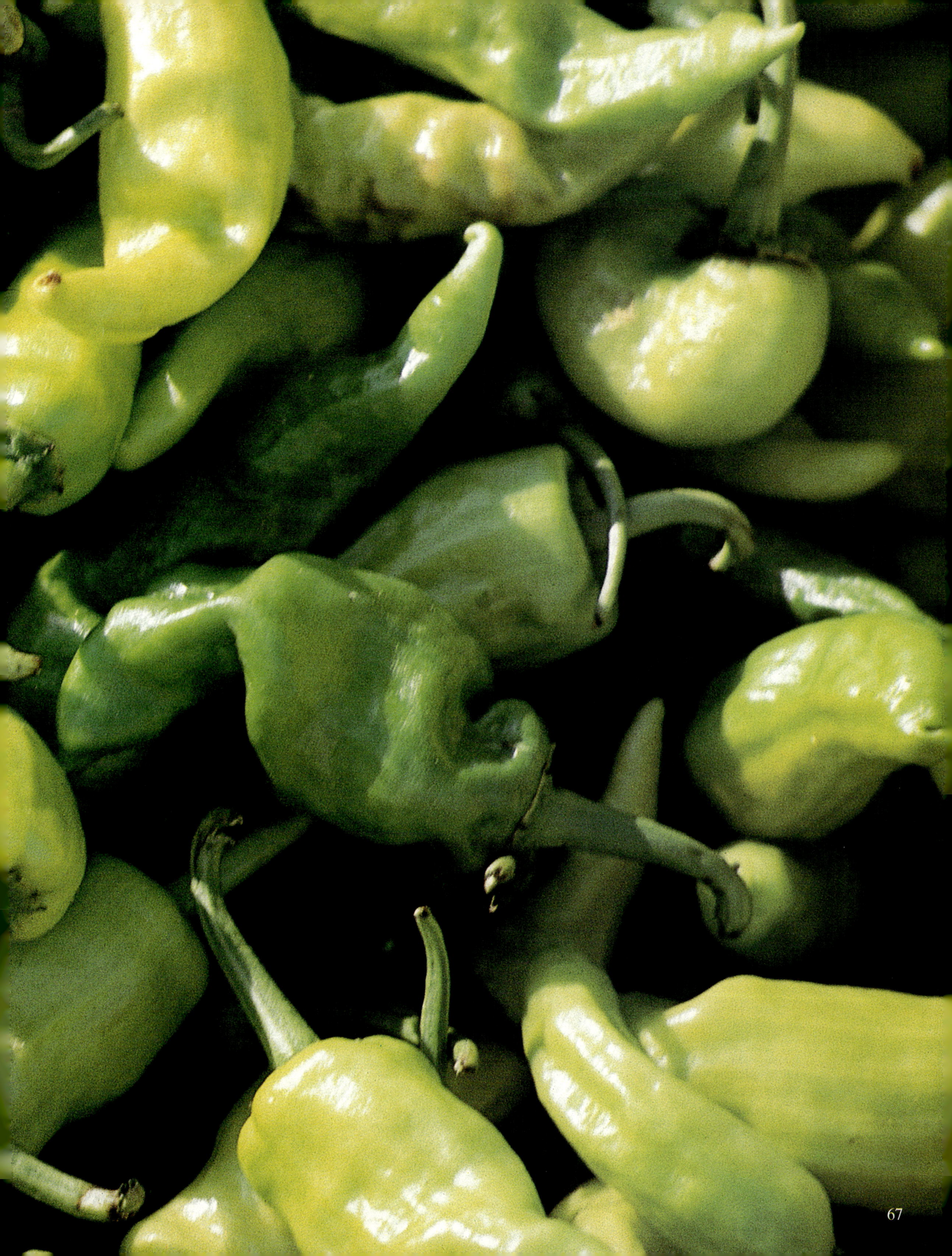

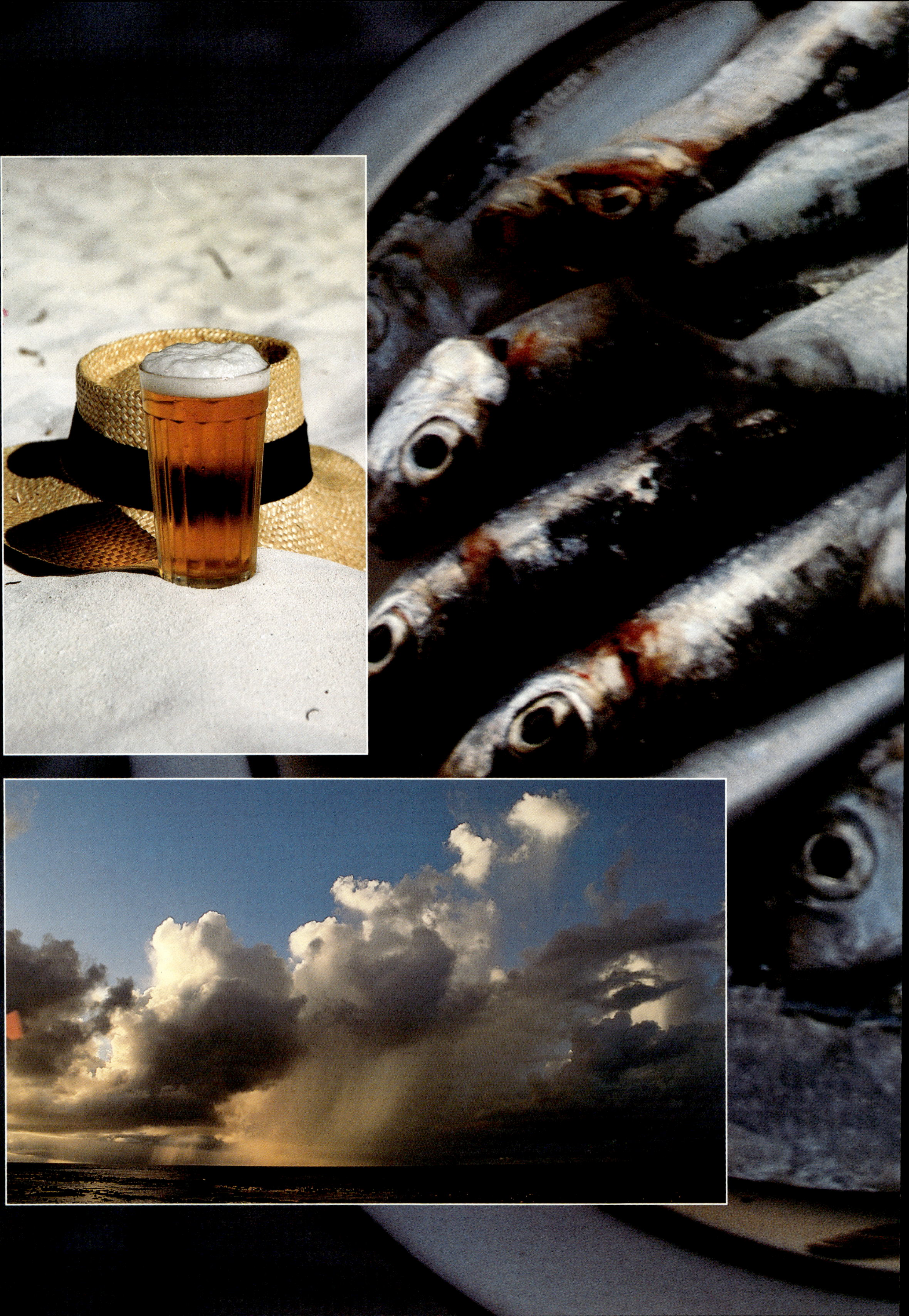

69

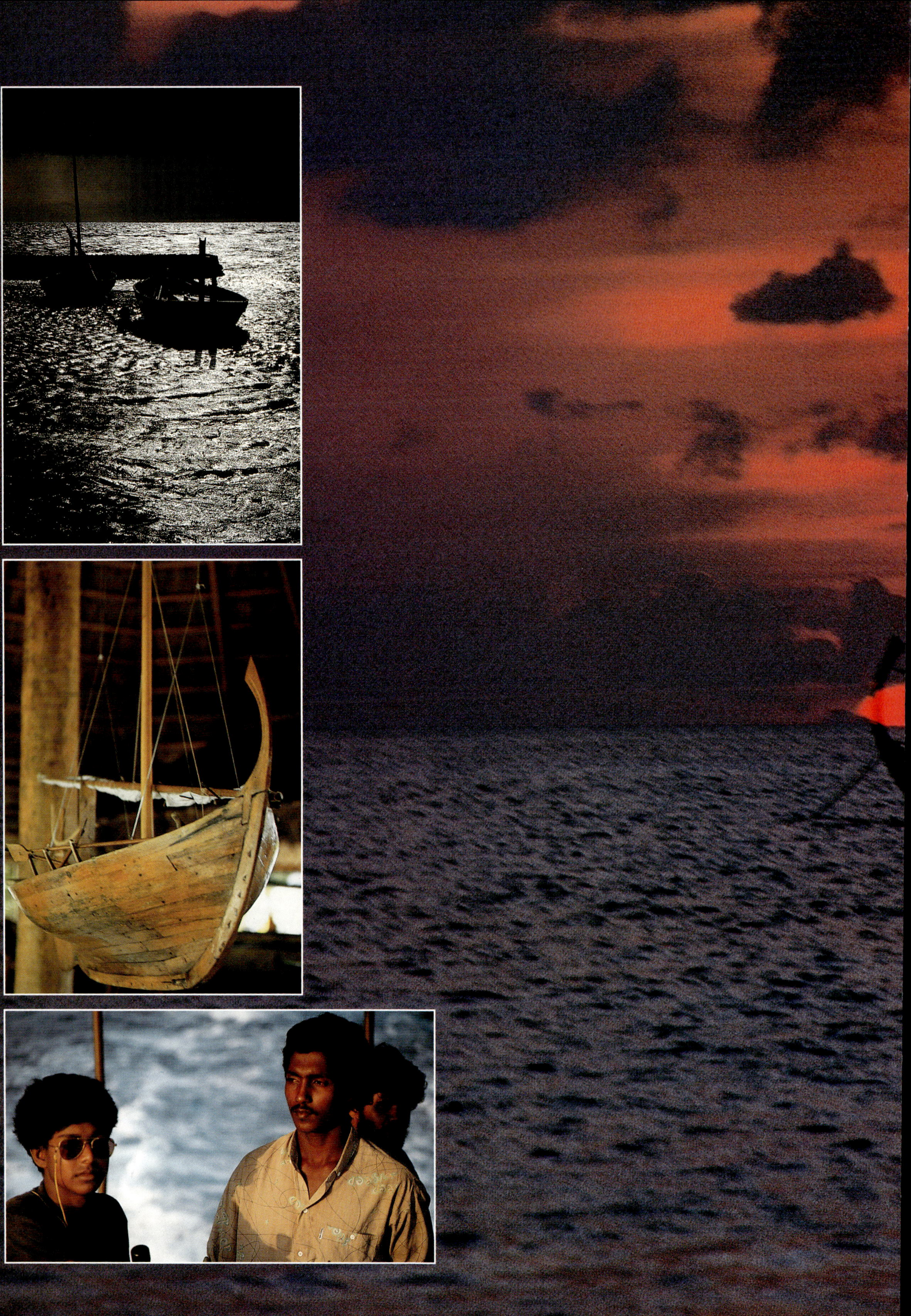

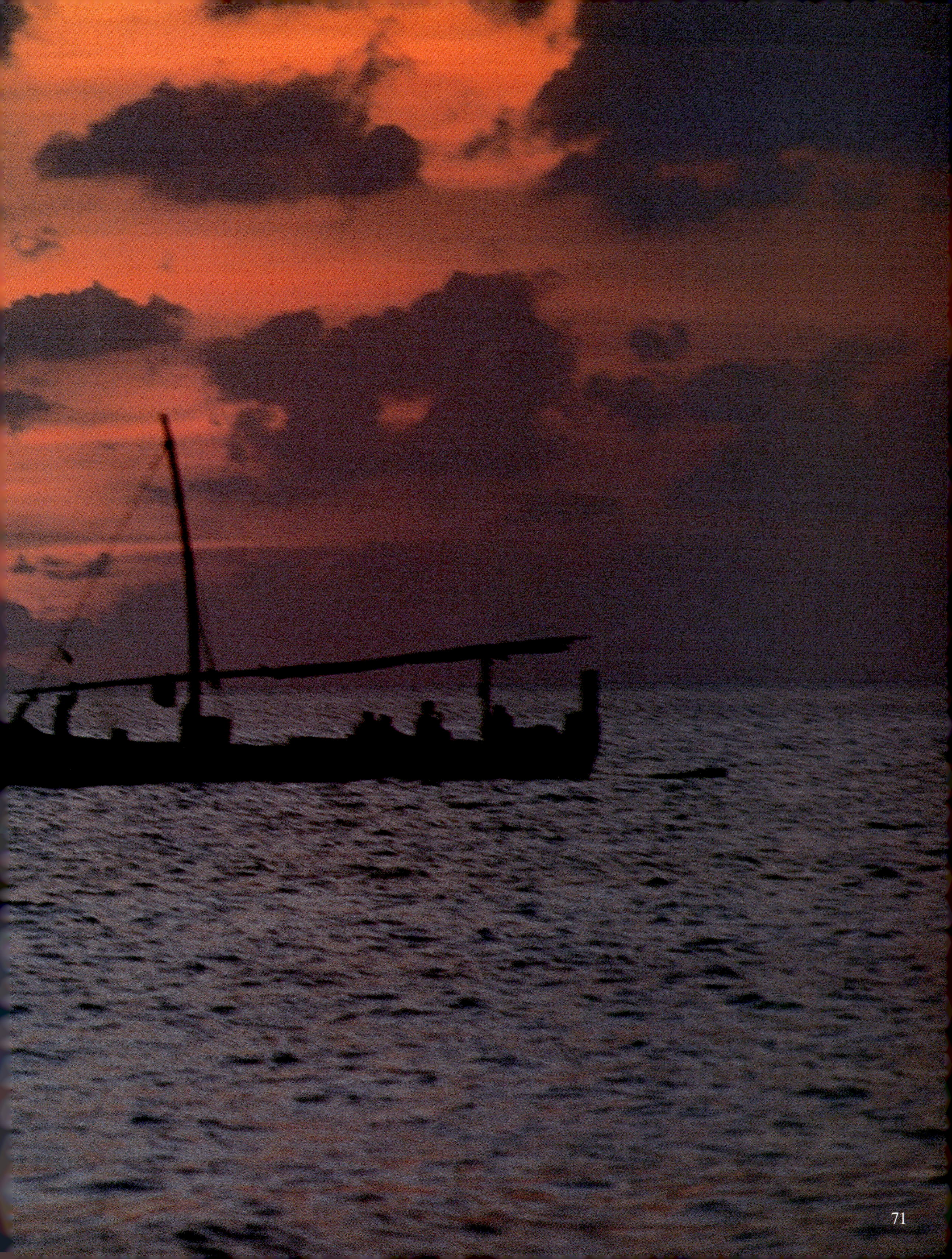

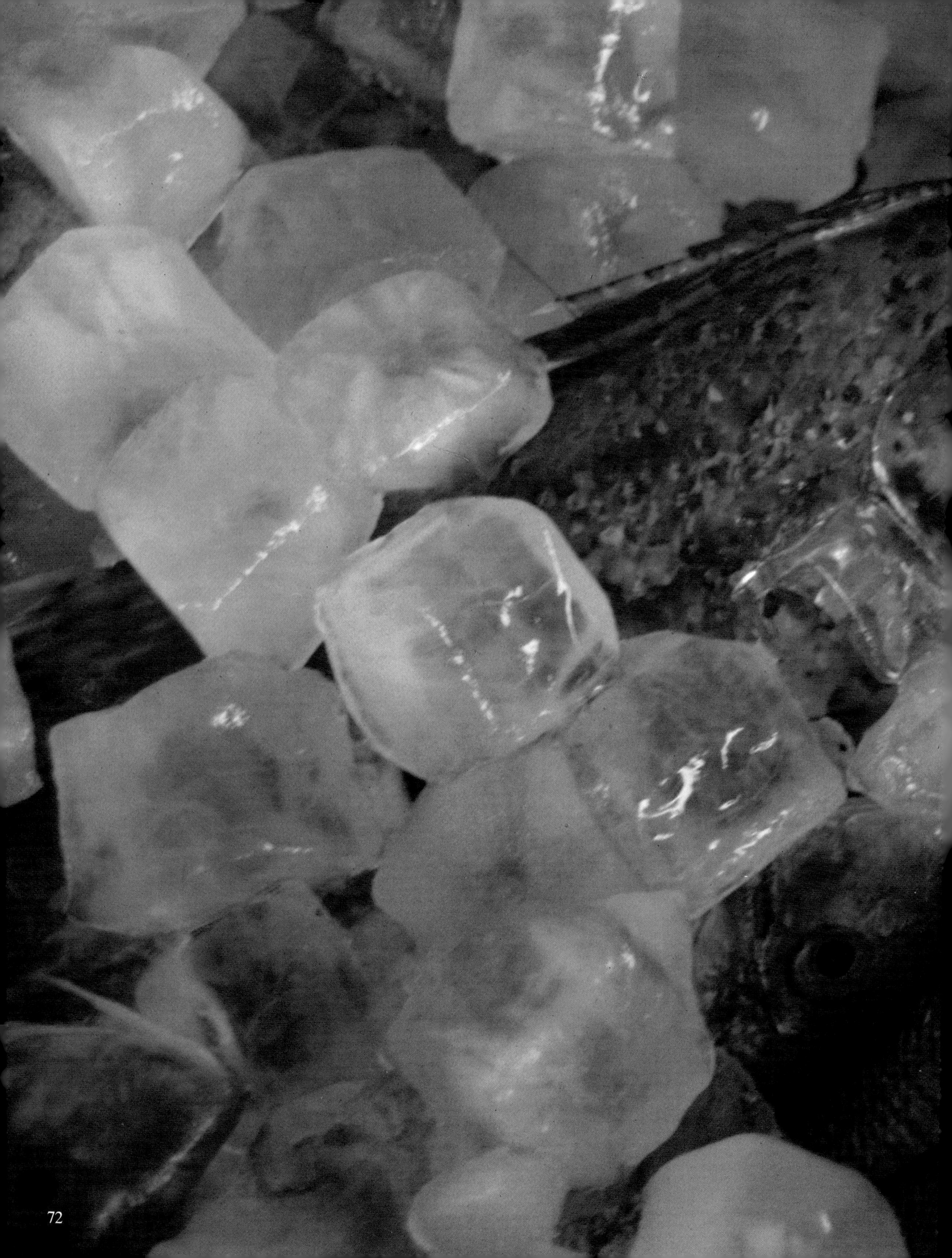

Fischsalat Bathala
Zutaten:
250 g Fischfilet (Seelachs o. a.), 1 kleinen Weißkohl, 1 schnittfeste Mango, 1 kleine Ananas, 2 feste Tomaten, 1 große Speisezwiebel, 1 grüne Paprika, 20 g Pinienkerne, 10 g Sesam-Saat und 10 g Kümmel.
Für die Marinade:
1/4 l Sherry, 2 EL Weinessig, 4 Stück Kardamom und 1 TL Zitronensaft.
Zubereitung:
Kardamom zerstoßen und mit den Zutaten der Marinade erhitzen. Das Filet in eine flache Schale legen und mit der noch heißen Marinade begießen. Sofort wenden, dann darin erkalten lassen. Anschließend in mundgerechte Stücke schneiden. Die Marinade nicht weggießen, sie wird noch verwendet.
Weißkohl, entkernte Paprika und Zwiebel fein hobeln und vermischen. Dazu kommen Kümmel und Sesam, gut vermengt. Geben Sie alles in ein über einen Topf gelegtes Sieb und gießen Sie die Marinade darüber. Nach dem Abtropfen kommen die gewürfelten Tomaten, Ananas und Mango hinzu. Die Pinienkerne in einer heißen Pfanne ohne Fett braun rösten und mit den Fischstücken vorsichtig unter den Salat heben.

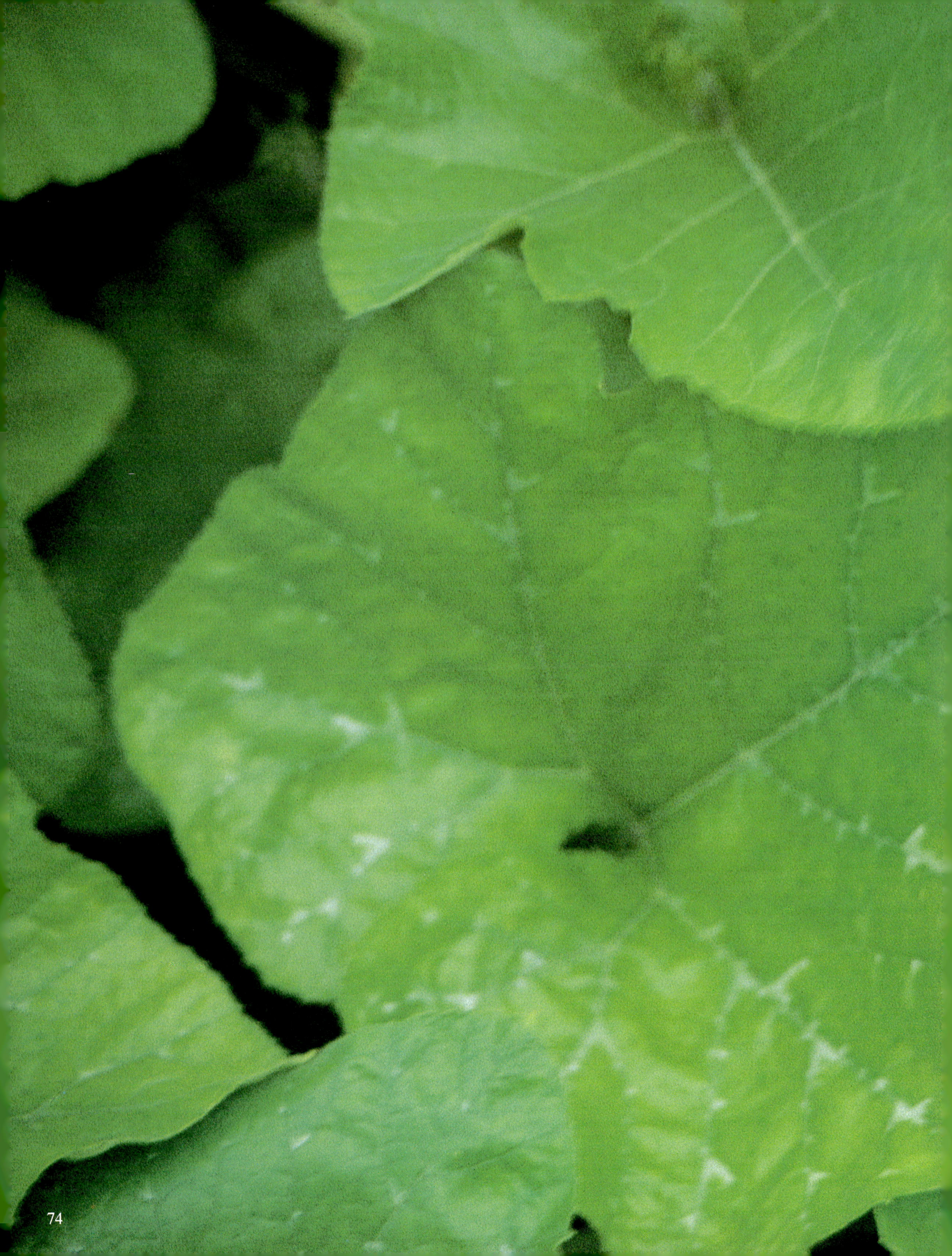

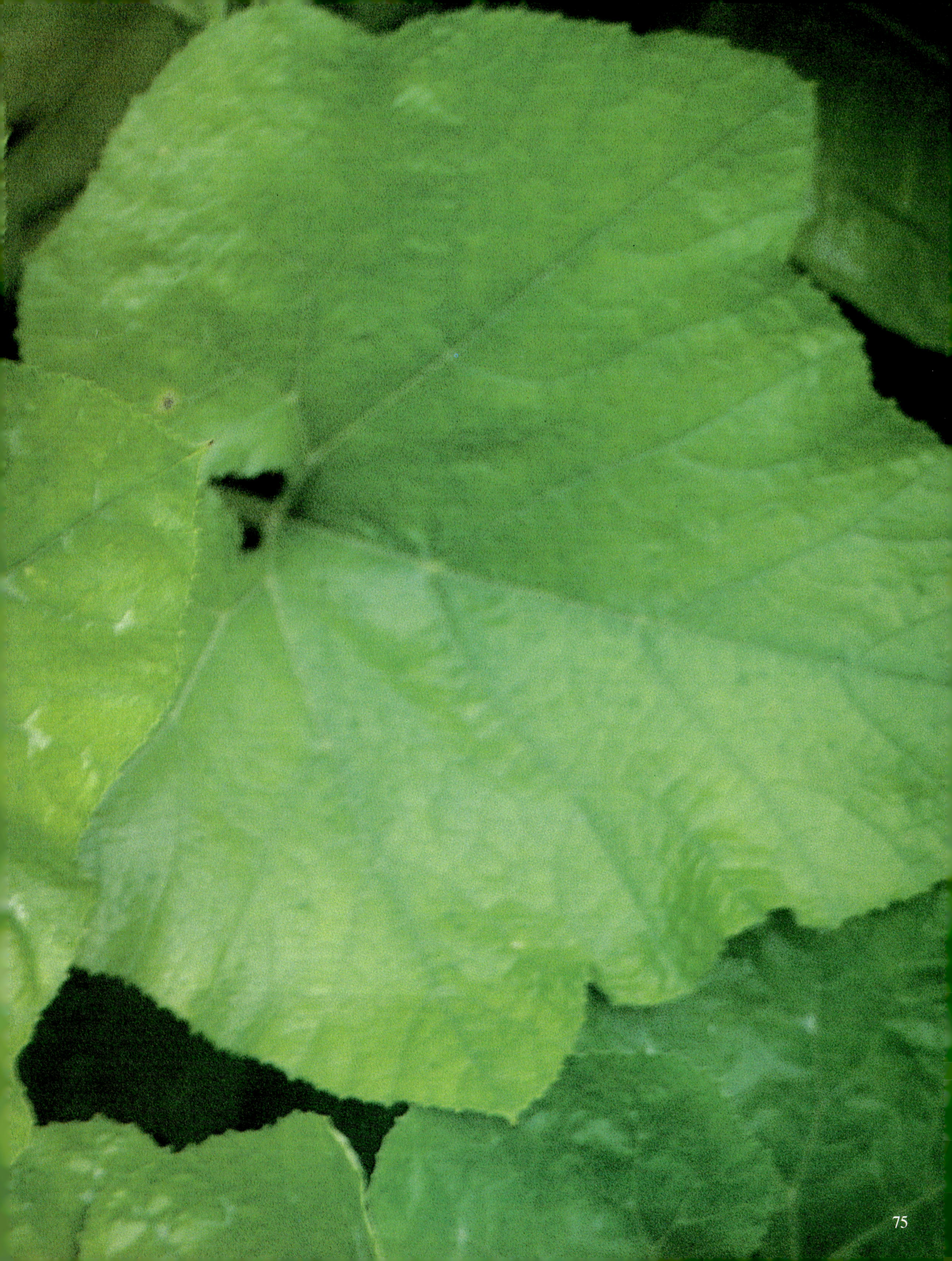

76

77

Wo, werden Sie sich zurecht gefragt haben, bleibt die Suppe. Warme Suppen sind bei doch recht hohen Außentemperaturen natürlich nicht so geschätzt. Aber eine der spanischen Gazpacho nicht unähnliche maledivische Suppe gibt es doch. Wenn diese dennoch schweißtreibend wirkt, liegt es an der für europäische Zungen zu großzügigen Verwendung von Chili. Dies ist im nachfolgenden Rezept berücksichtigt.

Fischsuppe Maaga
Zutaten für zwei Personen:
1 Glas Fisch-Fond, 100 g Fisch in kleinen Streifen (Rotbarbe oder Zander), 4 reife Tomaten, 1 Zwiebel, 1 gewürfelte grüne Paprika, 1 Knoblauchzehe, 2 EL gehackte Petersilie, 1 Gewürzgurke, 1 fein gehackte Chilischote, 1/4 l geschlagene süße Sahne, 1 klein gewürfelte und filetierte Orange.

Zubereitung:
Tomaten schälen und pürieren. Fond erhitzen. Knoblauch fein hacken und mit der gewürfelten Zwiebel vermischen. Mit Gewürzgurke und Chili unter den Fond geben. Erkalten lassen und in den Kühlschrank stellen. Anschließend mit einem Schneebesen die Sahne unterziehen und erst dann die rohen Fisch- und Gemüseteile hineinlegen. Mit Petersilie bestreuen.

Ein kleiner Tip: Wenn Sie Curry verwenden, geben Sie das Puder mit etwas Kümmel, Chili, gehackten Zwiebeln und Kardamom in einen Mörser. Unter Zugabe von wenig Wasser oder Kokosmilch verrühren. Dann stoßen Sie das Ganze zu einer frischen Paste.

Cocoa
Maledivischer Eintopf
Zutaten für 4 Personen:
4 Hähnchenbrustfilets, 1 Languste oder 2 Hummerkrabben, 2 rote Zwiebeln, 1 Stange Lauch, 2 Tomaten, 1 EL Tomatenmark, 1/2 Ananas gewürfelt, 20 g Ingwer gehobelt, 2 EL Curry, 4 Gemüsepeperoni und/oder Chili, 200 g Langkornreis, 1 Glas Hühner-Fond, 1/4 l süße Sahne, Salz und Pfeffer aus der Mühle, 80 g Butterfett.

Zubereitung:
Hähnchenbrüste würfeln. Languste abkochen, auslösen und in Scheiben schneiden. Bei Verwendung von Hummerkrabben: diese schälen (Darm entfernen). In wenig heißem Fett die gesalzenen Fleischteile kurz anbraten. Sahne angießen und etwa drei Minuten ziehen lassen. Peperoni, Zwiebeln und Lauch würfeln, im restlichen Fett anglasieren, den trockenen Reis zugeben und anrösten. Curry darübergeben, vermischen, Tomaten würfeln, mit Tomatenmark und Ingwer vermischen. Danach die Ananas- und Fleischwürfel zusammen mit den Krustentieren unterheben.

Und wo bleiben die Desserts, werden Sie fragen. Auf den Malediven hält man das recht einfach:
Frisches Obst, meist mit einigen Streifen würziger Limetten. Aber es gibt natürlich auch Leckereien, die ein wenig Vorbereitung brauchen.
Hier das Rezept für ein halbgefrorenes Dessert.

Cocoloco
Zutaten für 4 Personen:
2 Kokosnüsse, 1/2 l Sahne, 50 g Milchreis, 1 Orange, 1 grüne Banane, 2 EL Rosinen, 1 Zimtstange, 10 g Zucker, 40 g Butter, 1 Eigelb.

Zubereitung:
Milchreis kurz in heißem Salzwasser blanchieren, abschütten. Butter im Topf schmelzen. Eine Kokosnuß halbieren, die Milch auffangen und - mit Sahne vermischt - der Butter zugeben. Erhitzen, den Reis darin etwa zwanzig Minuten quellen lassen. Die Zimtstange mitziehen lassen, danach entfernen. Kokosnüsse fein raspeln und dem Reis zufügen. Orange und Banane schälen und klein würfeln. Die eingeweichten Rosinen mit Früchten vermengen. Reis von der Hitzequelle nehmen. Zucker mit Eigelb verquirlen, mit dem Reis vermischen. Früchte und Rosinen unterheben. In die leeren Kokosnußschalen füllen und kaltstellen bzw. leicht anfrieren.

Jetzt fehlen nur noch ein wenig Sonne, Palmen und der unvergleichlich weiße Sand.

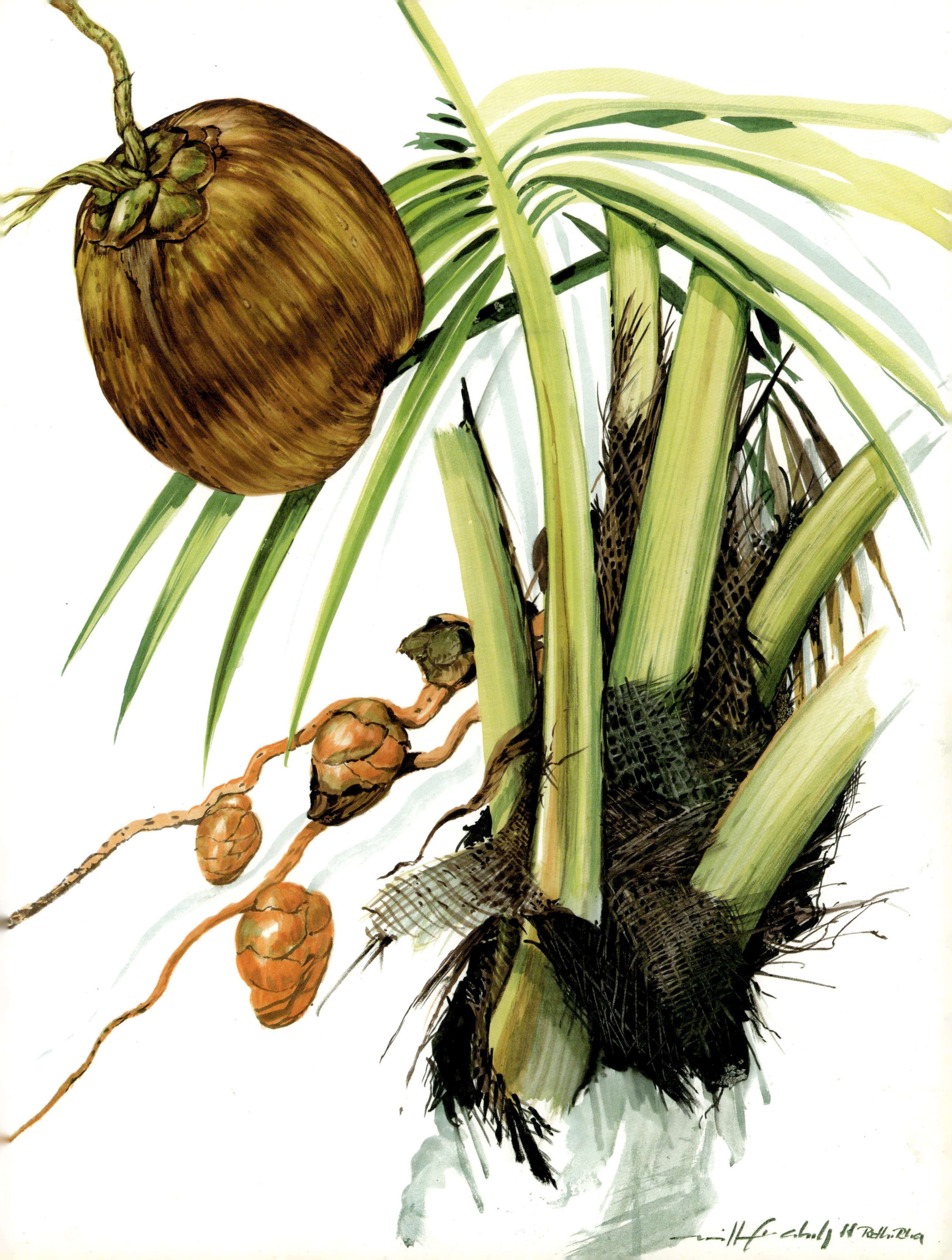

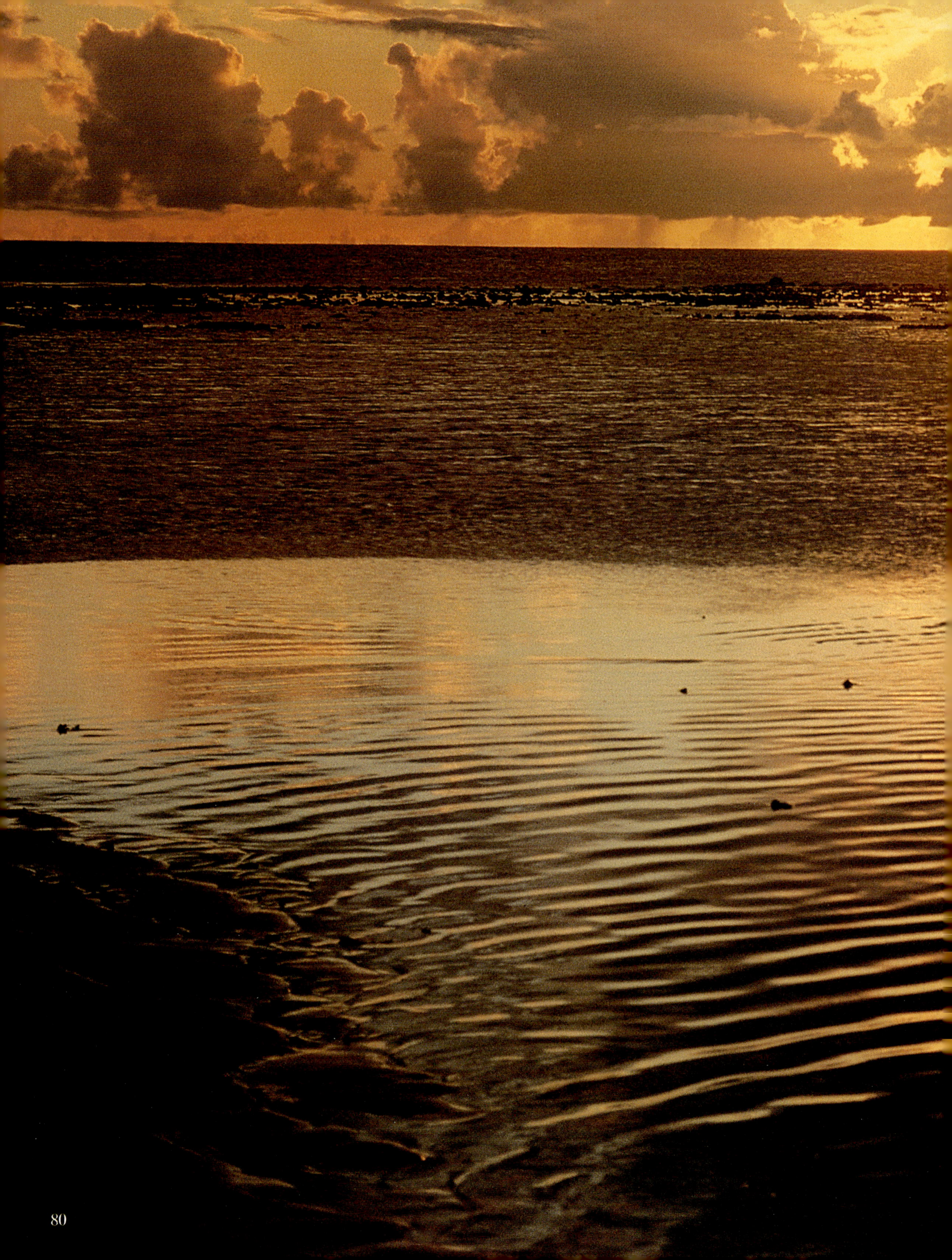

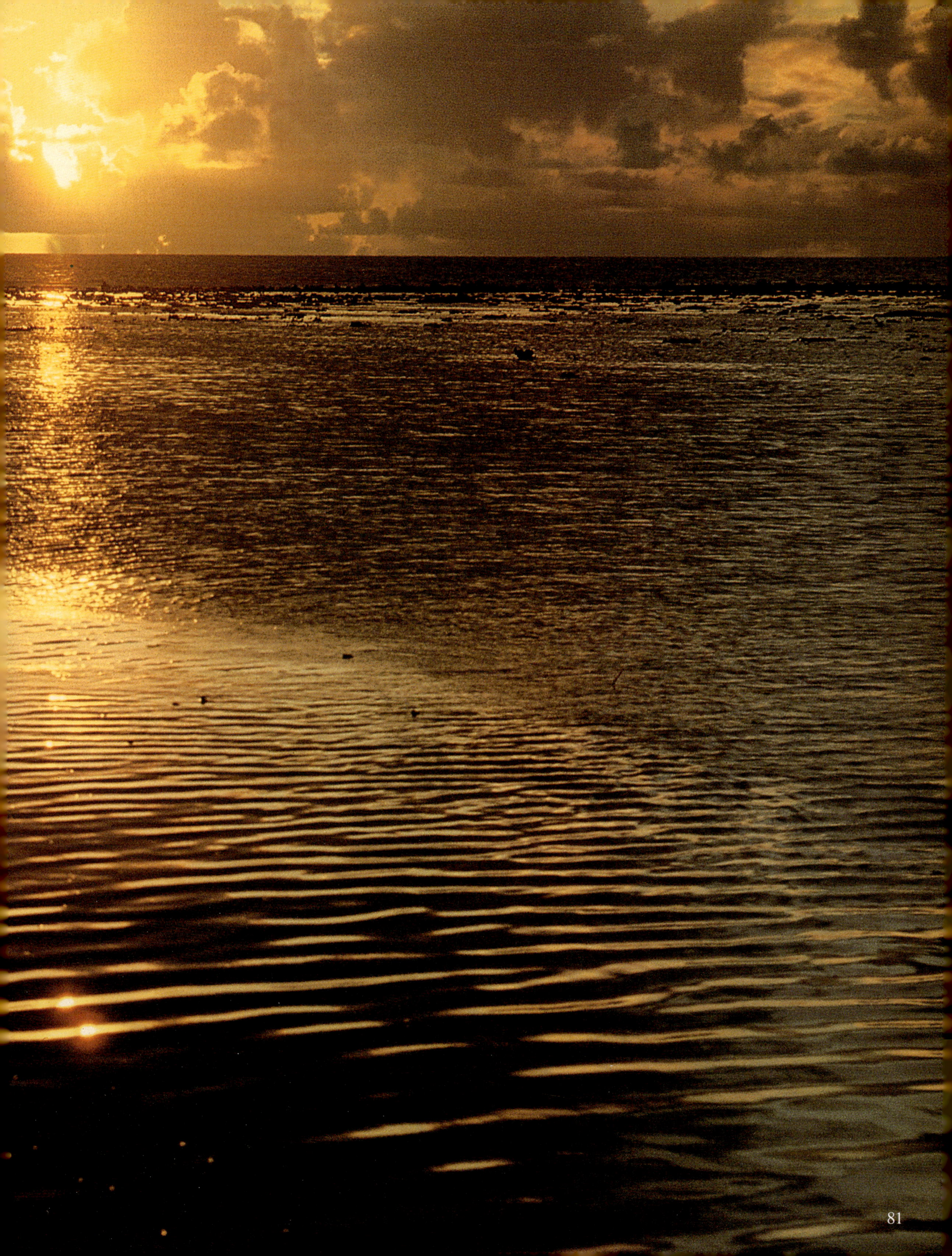

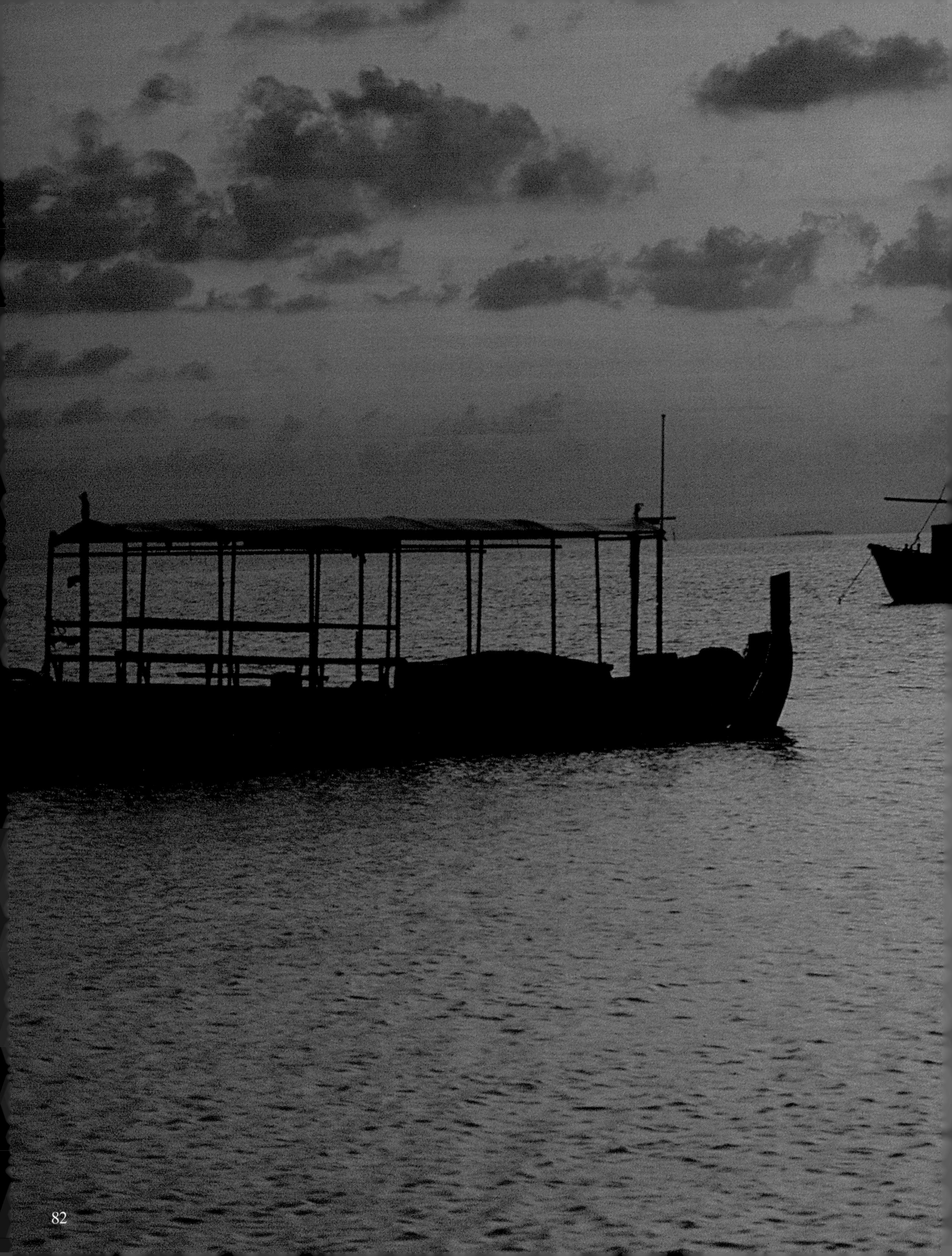

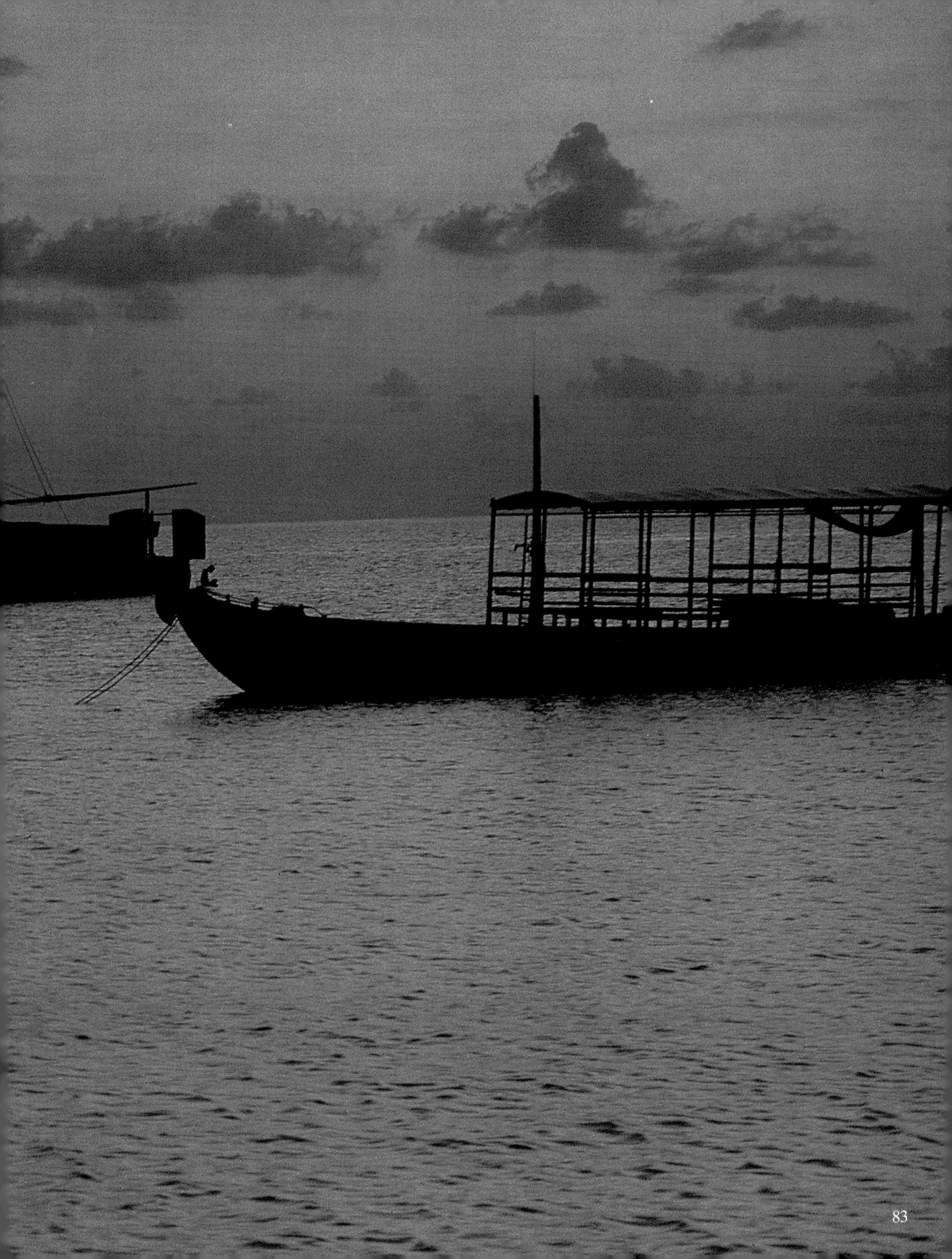

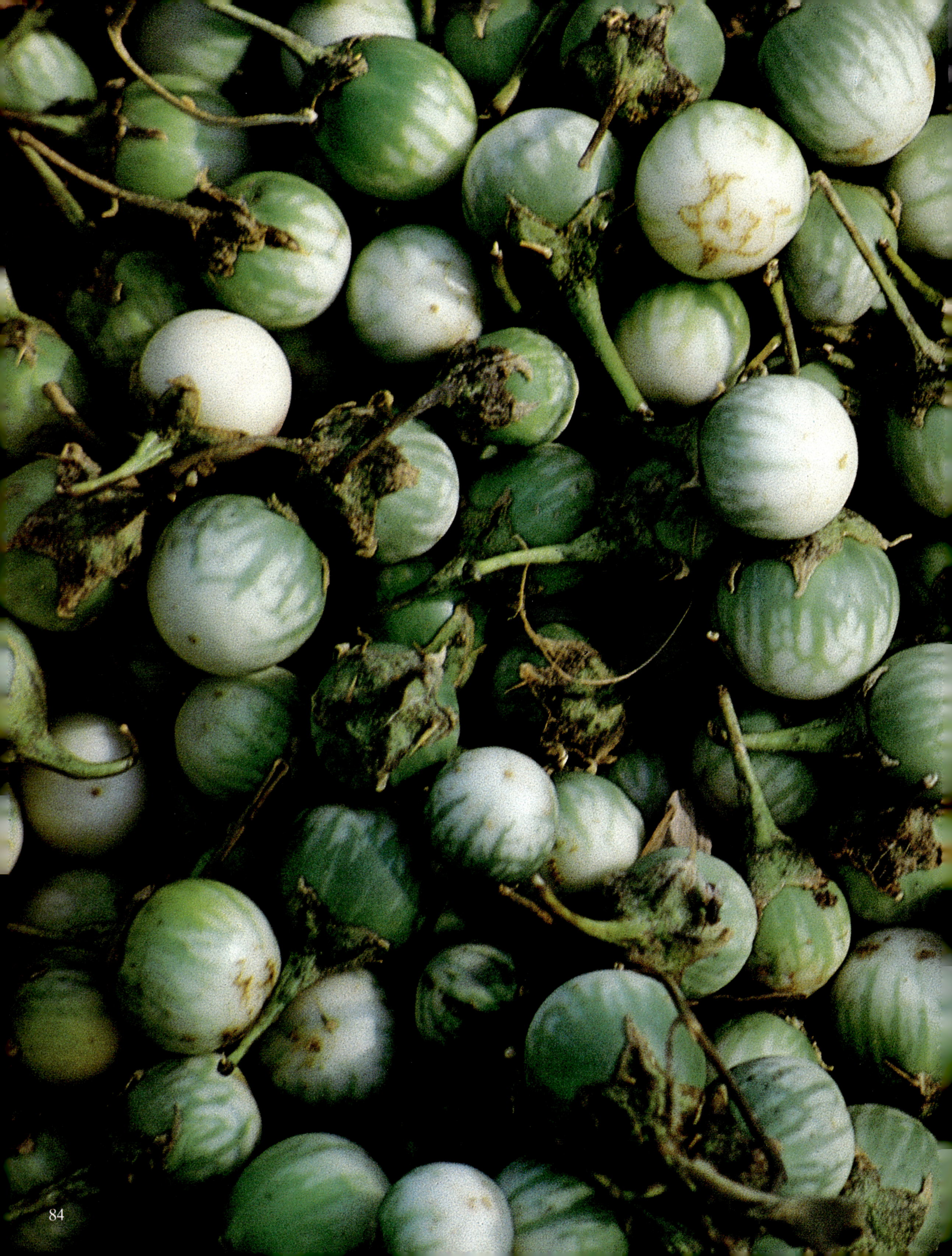

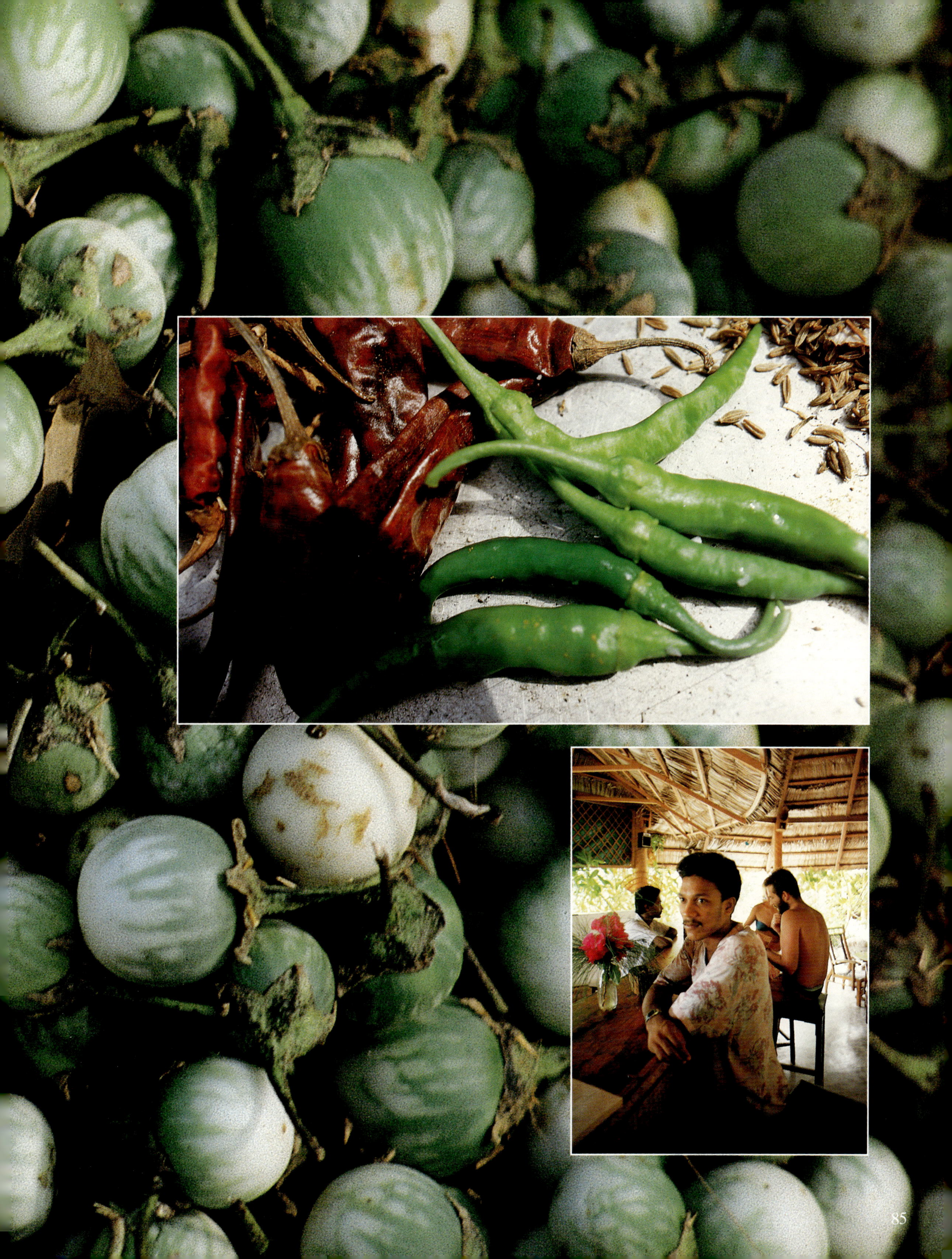

Hier ist sie, meine Trauminsel. Im Ariatoll gelegen, gleich am Außenriff, mit einer endlos türkis- und ultramarinblauen Lagune. Oasis Paradise Island werde ich sie nennen und dort realisieren, was ich schon lange vorhabe. Eine Insel, auf der ich leben, malen, schreiben und noch vieles mehr machen kann. Es werden nur zwanzig Bungalows sein, ein jeder anders vom Stil und von der Farbigkeit her. Es wird Mal- und Zeichenkurse geben. Und Kochkurse selbstverständlich. Es werden ständig Künstler auf Einladung der Europäischen Akademie Wien zugegen sein. Eine Insel der Begegnung und der kreativen Entspannung. Vielleicht sehen wir uns hier ja irgendwann einmal.

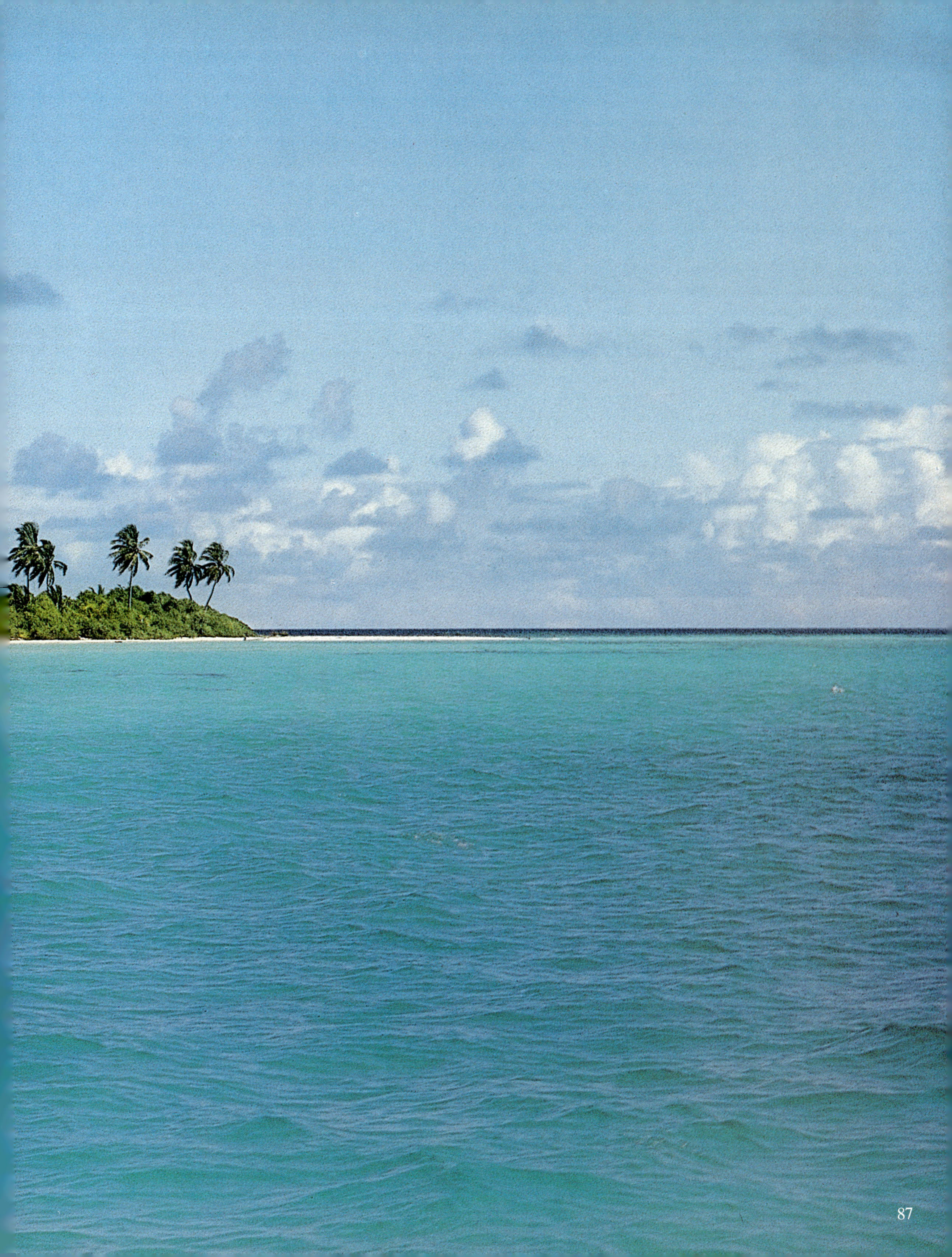

Das Fischernetz
Zutaten für 4 Personen:
2 Hähnchenbrustfilets, 1/2 Ananas, 1 Stange Lauch, 200 g Fischfilet, 1 grüne Paprika.
Zubereitung:
Alle Zutaten in feine Streifen schneiden und vermischen, leicht salzen. Aus etwas Mehl, Eiern, einem EL Curry und ein wenig Ananassaft einen kleinen Pfannkuchenteig rühren. Kokosnußfett in der Friteuse oder im hohen Topf stark erhitzen. Eßlöffelweise das Fleisch-Fisch-Gemisch durch den Teig ziehen, auf einen Schaumlöffel geben und ausbacken, bis der Teig goldbraun wird. Auf ein Papiertuch zum Abtrocknen legen.
Eine Variante: Wenn Sie aus der Masse mit mehlbestäubten Fingern kleine Bällchen formen, diese durch den Teig ziehen und im Anschluß in bereits gekochten Reiskörnern wälzen.
So entstehen kleine Seeigel, die genau wie zuvor ausgebacken werden.

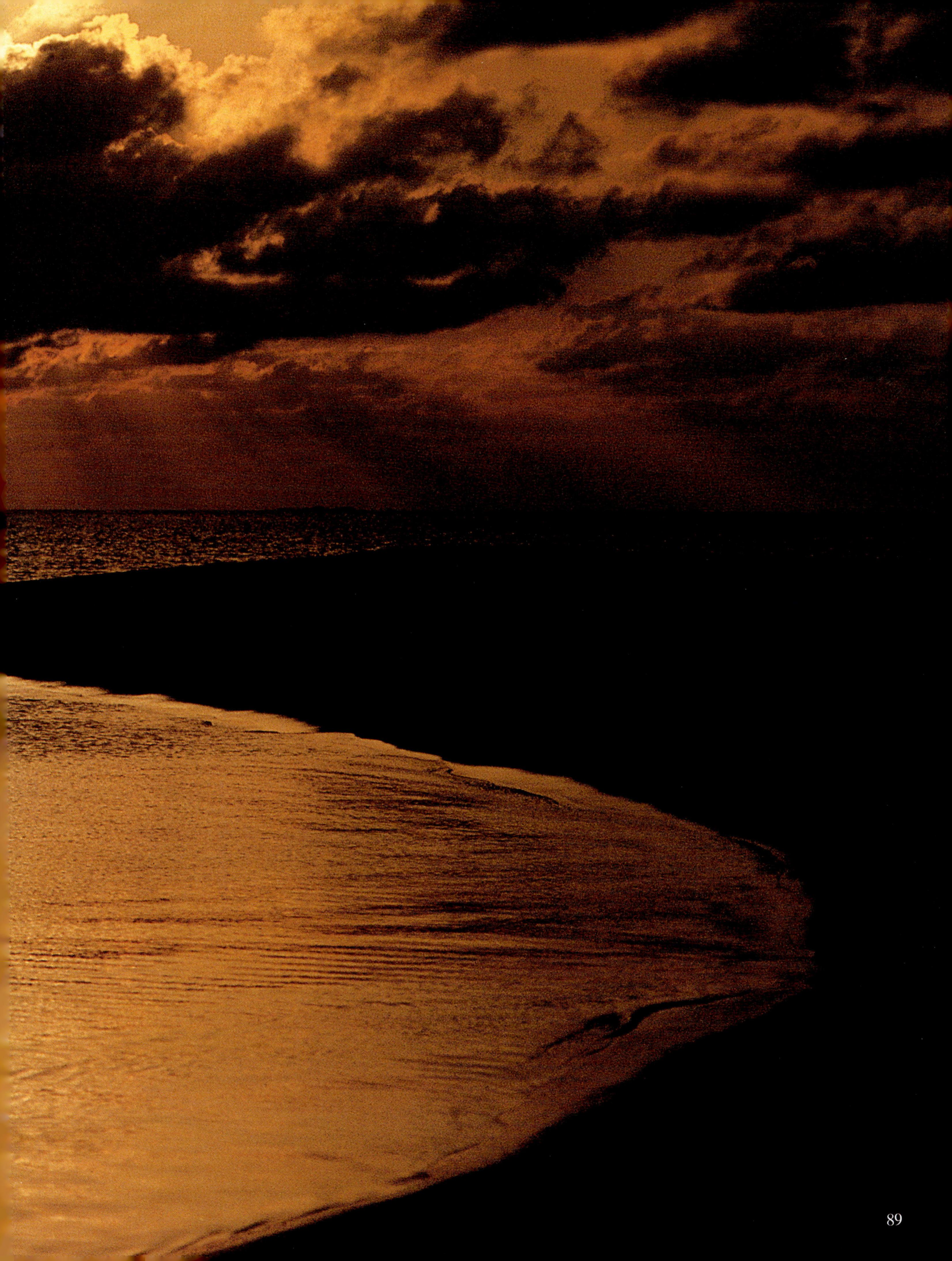

Nudeln sind natürlich keine Erfindung der maledivischen Küche. Da man hier aber darauf angewiesen ist, langlebige Grundprodukte zu verarbeiten, spielen Nudeln, neben Reis und Kartoffeln, schon eine wichtige Rolle.

Nudelsalat Maayafushi
Zutaten:
100 g Bandnudeln, 6 - 8 hartgekochte Eier, 200 g leichte Salatmayonnaise, 50 g Kapern, 2 schnittfeste Tomaten, 1 Stange Staudensellerie, 1 Dose Thunfisch in Öl. Dann 2 rote Speisezwiebeln, 20 g eingelegten grünen Pfeffer, 100 g frische Erbsen (oder aus der Tiefkühltruhe), 1 Becher Sahne, 1 EL Essig.

Zubereitung:
Die Nudeln in Salzwasser sprudelnd kochen lassen, abgießen und kalt abschrecken.
Thunfisch mit Mayonnaise im Mixer pürieren, Sahne und Essig zugeben. Tomaten würfeln, Staudensellerie in dünne Scheiben schneiden, die Zwiebeln grob würfeln. Eier schälen und fein hacken. Thunfisch-Sauce in eine große Schüssel geben und alle Zutaten darin vermischen. Zum Schluß die Nudeln mit Kapern, Pfeffer und rohen Erbsen zugeben. Die etwas schärfere Variante sieht zusätzlich zwei gehackte Chili-Schoten und 2 El Curry-Pulver in der Sauce vor.

Reisfladen Male
Zutaten für 4 Personen, als Vorspeise:
125 g Reis, 1 Kokosnuß, 4 Eier, 1 TL Kümmel, 1 kleine gehackte Chili, Salz und Pfeffer aus der Mühle.
Zubereitung:
Reis im trockenen Topf anrösten und dann im Wasser quellen lassen. Abgießen und mit fein geraspelter Kokosnuß vermischen. Salzen und pfeffern. Kümmel dazugeben. Eier mit etwas Kokosnußmilch verquirlen und mit Chili unter den Reis ziehen. Kleine, dünne Kuchenfladen formen und in heißem Fett ausbacken.
Die kleinen Fladen werden kalt oder warm gegessen und auch als Beilage zu einem Fisch- oder Hühner-Curry gereicht.

Fischkoteletts Kurumba
Zutaten für 4 Personen:
4 Fischkoteletts, 4 Orangen, 1 Zitrone, 250 g kleine Zwiebeln, 50 g schwarze Oliven, 1 EL gehacktes, grünes Chili, 150 g Butterfett, 50 g Zucker, 1 EL grüne Pfefferkörner, 1 EL Essig, 1 in Streifen geschnittene rote Paprika, Mehl, Salz und Pfeffer aus der Mühle.
Zubereitung:
Zitrone und Orangen schälen und in einer Schale filetieren, damit der Saft nicht verloren geht. Zwiebel pellen, die Oliven halbieren und entkernen; Zucker und 50 g Butterfett in der Pfanne erhitzen und leicht karamelisieren. Saft und Zwiebeln zugeben. Pfefferkörner mit dem Messerrücken leicht andrücken und mit dem Chili vermischt unterziehen. Etwa acht Minuten dünsten lassen; Oliven, Paprika und Zitronen-/Orangenfilets beifügen. Essig darüberträufeln.
Die Fischkoteletts säubern, salzen und in Mehl wälzen. In heißem Fett auf jeder Seite ca. vier Minuten goldbraun backen. Auf eine große Platte legen und die Sauce darübergießen. Körnig gekochter Reis und ein Salat von roten Beten mit Zwiebeln paßt gut dazu.

Eines der schönsten Eierrezepte habe ich von Mohammed, einem 76 Jahre alten Staffkoch aus dem Ariatoll. Er hält sich sogar eine Reihe braun gefleckter Winzlinge von Hühnern, die aber unglaublich große und gar nicht - wie man vermuten sollte - nach Fisch schmeckende Eier legen.

Huraafushi
Grundteig
Zutaten:
100 g Mehl, 1 EL Speisestärke, 4 - 6 Eier, Salz und Pfeffer, 1/2 l Milch.
Zubereitung:
Mehl und Speisestärke mit der Milch anrühren, quellen lassen und dann erst die verquirlten Eier unterschlagen. Leicht salzen und pfeffern. Zum Ausbacken in der Pfanne 1/3 Butter und 2/3 Öl verwenden. Das Fett am besten in einer schweren Eisenpfanne erhitzen und mit einer Schöpfkelle den Teig hineingeben. Von der Hitzequelle entfernen.
Jetzt kommt das Wichtigste:
1 Zucchini, in Scheiben geschnitten, je 1 rote und grüne Paprika, gewürfelt. Etwa 100 g kleine Fischwürfel, gewürfeltes Hähnchenbrustfilet.
Alle Teile in Curry wälzen und leicht salzen. Eine Speisezwiebel, 1 Knoblauchzehe und eine kleine Chili fein hacken.
Alles gut vermischen, auf den leicht vorgebackenen Teig geben und den restlichen Teig dazutun. Im vorgewärmten Backofen bei 140 Grad C aufbacken. Wenn die Oberschicht braun wird, noch etwas Fett darübergeben. Im ganzen aus der Pfanne stürzen und aufschneiden.

91